Roeland Suylen

Mach deine
Träume wahr

Verwirklichte deine Ziele durch die Kraft
deiner Gedanken,
deiner Gefühle,
deines Verhaltens

Die „3G-Methode“

vianova
Verlag Via Nova

Roeland Suylen

Mach deine Träume wahr

Verwirklichle deine Ziele durch die Kraft
deiner Gedanken,
deiner Gefühle,
deines Verhaltens

Die „3G-Methode“

vianova
Verlag Via Nova

Aus dem Niederländischen
von Rolf Remers

1. Auflage 2009
Verlag Via Nova, Alte Landstraße 12, 36100 Petersberg
Telefon: (06 61) 62973
Fax: (06 61) 9 67 95 60
E-Mail: info@verlag-vianova.de
Internet:
www.verlag-vianova.de
www.transpersonale.de

Umschlaggestaltung:
Kommunikationsdesign Guter Punkt, München
Satz: typo-service kliem, 97647 Neustädtles
Druck und Verarbeitung: Fuldaer Verlagsanstalt, 36037 Fulda

ISBN 978-3-86616-127-6

*Gewidmet meiner Tochter
und dem Universum*

Alles ist möglich

Leben ist eine besondere Erfahrung

Danksagung

Ich möchte den folgenden Personen meinen aufrichtigen Dank aussprechen: Sandra van Beers, Ferdinand van den Berg, Sjoerd de Boer, Michel Bouts, Corry van Bree, Margriet Bunnik, Dr. John Consemulder, Leon van Duyvendijk, Heleen Felzel, Dr. Dorien Fenger, Marit Frank, Ingeborg Horjus, Dr. Saskia Horjus, Linda Jager, Willy Jager, Jitske Kingma, Anja Nieuwenhuis, Karin Overgoor, Marcel Renting, Dr. Udo Sprang, Anne-Christine Staals, Petra van der Veen, Evelien Veenstra, Dr. Paul Vrenssen, Marline Wieggers-Schreuder und Albert Zwolle sowie allen anderen Personen, die mit ihrem Rat, ihren Anleitungen, ihren Büchern und ihrer wertvollen Unterstützung einen unverzichtbaren Beitrag zur Fertigstellung meines zweiten Buches geleistet haben!

Inhalt

Vorwort

In meinem Leben habe ich viele außergewöhnliche und talentierte Menschen getroffen, die nicht imstande waren, ihre größten Wünsche zu verwirklichen. Das ist bedauerlich, denn eine der wichtigsten Antriebskräfte des Menschen ist die Verwirklichung von Zielen. Ohne dieses Streben scheint das Leben der meisten Menschen ziellos, eintönig und sinnlos.

Das Verlangen nach Selbstentwicklung, Selbstverbesserung und Selbstverwirklichung ist so alt wie die Menschheit. Das Thema dieses Buches ist die Verwirklichung unserer Träume. Wir alle wollen gesund und glücklich sein, sprühend vor Energie und Lebensfreude. Wir möchten eventuell ein guter Vater oder eine gute Mutter sein, ein erfolgreicher Musiker, Sänger, Maler, Schriftsteller, Zeichner, Therapeut, Architekt, Rechtsanwalt, Erfinder, Manager, Direktor, Tänzer, Schauspieler, Sportler, Redner oder Bergsteiger. Und tief in unserem Herzen sehnen wir uns alle nach Frieden, Entspannung und Ruhe. Aber wie genau wir diese Ziele und Träume tatsächlich auch verwirklichen können, wissen wir meistens nicht. Die Suche nach einer nachhaltigen Lösung für diese weit verbreitete Problematik war einer der Gründe, warum ich mit der Entwicklung der 3G-Methode (das „G" steht für *Gedanken, Gefühle, Verhalten**) begonnen habe. Mit dieser Methode lassen sich unsere Wünsche einfacher und vollständiger verwirklichen. Sie führt uns in eine Aufwärtsspirale des Erfolgs, die ständig weitere Erfolge anzieht. Es gibt keine Grenzen. „The sky is the limit."

Ich wünsche dir viel Vergnügen bei der Lektüre und Anwendung dieses Buches sowie der Entdeckung und Ausschöpfung deiner unbegrenzten Kreationskraft!

Roeland Suylen, Meppel, Oktober 2008

* Im niederländischen Original *gedrag*.

Anmerkung: In allen Fällen, in denen ich die männliche Form verwende, ist auch die weibliche Form eingeschlossen.

Teil 1: Über die 3G-Methode und mehr

EINLEITUNG

„Sich Ziele zu setzen ist wunderbar. Du lebst in dieser Welt und nimmst teil am Tanz der Schöpfung." *Eckhart Tolle*

Es gibt keine Wunder! Oder gibt es sie doch? Alles nahm seinen Anfang im Oktober 2007 während eines Seminars mit Brandon Bays[1] in Deutschland über das Kreieren von Reichtum in allen Lebensbereichen. Dieses Wochenendseminar fand ein so großes Interesse, dass ich nur mit Mühe einen Platz für mich reservieren konnte. Am Sonntag dieses Wochenendes äußerte ich den starken Wunsch, mein Buch, an dem ich bereits seit vier Jahren arbeitete, möge innerhalb eines Jahres erfolgreich sein. Mein Herz floss über vor Dankbarkeit für die Unterstützung, die mir die anderen Teilnehmer zuteil werden ließen. Es war eine überwältigende Erfahrung. Als ich am Montag wieder nach Hause kam, fand ich auf der Fußmatte vor der Tür

1 Gründerin der Therapieform „The Journey", durch die Blockaden auf der Ebene des Zellgedächtnisses gelöst werden (www.thejourney.com).

den Brief eines Verlagshauses. Wie ein Schock traf mich die Erkenntnis, dass sich mein Herzenswunsch innerhalb eines Tages bereits zu manifestieren begann! Obwohl ich nicht genau verstand, wie, wusste ich in diesem Moment sicher, dass sich mein Wunsch auf die eine oder andere Weise erfüllen würde. Ein Jahr später, im Oktober 2008, schloss ich mit dem Verlag Via Nova einen Vertrag für die deutsche Übersetzung dieses Buches. Im selben Zeitraum wurden wir für unser Projekt rund um dieses Buch mit dem „DoDo Award" ausgezeichnet! Diese Auszeichnung, deren Abkürzung für „Digitale Ontwikkeling van Drentse Ondernemers" (Digitale Entwicklung von Drenter Unternehmern) steht, wurde am 1. Dezember 2008 im Hanze Institute of Technology (HIT) in Assen überreicht. Für eine Illustration der starken Wirkung der 3G-Methode werde ich in diesem Buch noch weitere besondere Ereignisse mit dir teilen.

In diesem Buch geht es aber nicht um Wunder. Es enthält keine Geheimformeln oder esoterischen Codes. Mit dem Buch, das du gerade in den Händen hältst, wirst du deine Wünsche und Träume konkretisieren. Ich habe es für moderne, kritische Leser geschrieben wie dich und mich. Wie du weißt, gibt es unzählige Selbsthilfe-, Hand- und Arbeitsbücher über die Verwirklichung unseres Selbst, unserer Talente und unserer Ideale. Diese versprechen uns immer wieder, dass wir glücklich, reich, selbstbewusst und erfolgreich werden können. Die meisten dieser Bücher vermitteln den Eindruck, die Verwirklichung von Entspannung, Hingabe, Vertrauen, Einswerdung mit dem Universum sowie das Loslassen von negativen Gedanken und Gefühlen gehe ganz von selbst. Auch ich habe in den vergangenen dreißig Jahren viele Bücher studiert und auf mich angewandt. Außerdem habe ich Erfahrungen in einem breiten Spektrum von Therapien und Methoden gesammelt, wie Psychotherapie, Bioenergetik, Emotionale Körperarbeit, NLP, Hypnotherapie, Kognitive Therapie, Massagetherapie, Meditation, Qi Gong, Advaita Vedanta, Healing sowie in verschiedenen Yoga- und Entspannungstechniken. Obwohl diese alle sehr wertvoll waren, verließ mich nie das Gefühl, dass etwas fehlte.

1. Was ist Erfolg?

In den letzten fünfzehn Jahren wurde mir immer stärker bewusst, dass viele meiner Klienten große Schwierigkeiten mit der Verwirklichung ihrer höchsten Ziele hatten. Ich selbst lief ebenfalls viele Jahre ziellos umher. Trotz einer gut gehenden Praxis verspürte ich ein unerfülltes Verlangen. Ich hatte den Traum, ein Buch zu schreiben, das vielen Menschen bei der Entdeckung und Verwirklichung ihrer Ziele helfen könnte. Ein verständliches Buch, in dem ich meine erworbenen Erkenntnisse darlegen konnte. Aber meine Angst vor Erfolg machte es mir unmöglich. So erhielt ich beispielsweise 1994 einen Anruf in meiner damaligen Praxis in Diever. Man fragte mich, ob ich eine Kolumne für das Wochenmagazin „Privé“ schreiben wolle. Ohne auch nur einen Moment näher über dieses Angebot nachzudenken, lehnte ich ab! Einige Jahre später durfte ich eine Kolumne für das Gesundheitsmagazin „Santé“ schreiben. Da ich meinen Beitrag aber zu spät ablieferte, wurde er nicht veröffentlicht. Mein Leben war voller Beispiele dieser Art.

Wer kennt die folgende Situation nicht? Du bist auf einem guten Weg, das zu kreieren, was du willst. Alles läuft wie geschmiert, bis plötzlich unvorhergesehene Probleme auftauchen, die deine Pläne durchkreuzen. Du hast beispielsweise – von endlosen Gesprächen bis zur Beziehungstherapie – alles dafür getan, deine Beziehung zu retten, und dann trennt man sich dennoch mit einem Gefühl der Ohnmacht. Oder du stehst im Geschäftsleben kurz davor, einen großen Auftrag einzuholen. Du hattest ein hervorragendes Gespräch mit dem Geschäftsführer eines großen Unternehmens, aber das Projekt wird in letzter Minute abgesagt. Es kann auch der Fall eintreten, dass du dir nach Jahren harter Arbeit endlich eine attraktive Beförderung verdient hast. Du siehst dich bereits selbst in einer höheren Lohngruppe mit wesentlich mehr Freiheiten. Doch dann erhält zu deiner Enttäuschung plötzlich dein Kollege die hochbegehrte Position. Manchmal spricht man in diesen Fällen von höherer Gewalt, manchmal liegt es an einem selbst. Im letzten Fall bleibt dir noch ein kleiner Trost: Du kannst nur *dir* selbst dafür die Schuld geben. Du allein bist verantwortlich für dein Scheitern.

Indem du dich selbst durch die Abstimmung auf eine andere Bewusstseinsfrequenz veränderst, änderst du gleichzeitig die Art deines Kreierens. Diese Bewusstseinsfrequenz ist deckungsgleich mit deiner Ausstrahlung. Wie kannst du deine Ausstrahlung verändern? Durch die Veränderung deiner Gedanken, deiner Gefühle oder deines Verhaltens. Dieses Buch zeigt dir auf, wie du dein Leben verändern kannst, indem du *gleichzeitig* sowohl deine Gedanken als auch deine Gefühle und dein Verhalten änderst und diese sowohl aufeinander als auch auf dein Ziel abstimmst. Sind diese drei Faktoren aufeinander abgestimmt, verstärken sie sich gegenseitig. Sind sie außerdem noch auf dein Ziel abgestimmt, arbeiten sie gemeinsam in die richtige Richtung. Dann bist du *kohärent* und verfügst über eine enorme Kreationskraft. Du bist präzise auf die richtige Frequenz abgestimmt und erzielst optimale Ergebnisse!

Laufen die Dinge nicht so, wie du es dir gedacht hast, entsteht Frustration. Du bist enttäuscht und neigst dazu, die Flinte ins Korn zu werfen. Es fällt schwer zu akzeptieren, dass die Dinge nicht immer nach deinen Wünschen laufen. Der Grund dafür kann aber auch einfach nur deine Planung sein. Ist das der Fall, liegt die Lösung auf der Hand: Verbessere deine Planung, entwirf klare und angemessene Planungsschritte, setze diese so optimal wie möglich um, und fertig ist die Laube.

Schwieriger wird es, wenn du zwar einen guten Plan hast, aber negative Gefühle und Gedanken diesem entgegenwirken. Dann fühlst du dich ängstlich oder unsicher, gehemmt, bedrückt oder ärgerlich. Negative Gefühle tauchen häufig im falschen Moment auf. Beispielsweise dann, wenn dein Freund oder deine Freundin dir einen Heiratsantrag macht oder fragt, ob ihr zusammenziehen sollt. Eigentlich ist es absurd: Du fühltest dich gut in eurer Beziehung, und plötzlich findest du dich in einer Negativspirale wieder. Diese ist wie ein Strudel, in dem du zu ertrinken drohst. Schlimmer wird es noch, wenn du nicht imstande bist, diesen Prozess aus eigener Kraft in die entgegengesetzte Richtung zu lenken. Dann wirst du zum Gefangenen deines eigenen Bewusstseins. Das führt uns zu der Frage, wie du die Person werden kannst, die du am liebsten sein möchtest. Wie wirst du in deinem Leben froh, glücklich und erfolgreich? Wie bekommst du die Arbeitsstelle, von der du träumst? Bist du wirklich so glücklich und zufrieden, wie du zu sein denkst? In der Technokratie dieses 21. Jahrhunderts muss alles schneller, schöner, besser, teurer und perfekter sein. Wir spielen immer häufiger die Hauptrolle in einer virtuellen Wirklichkeit. Wir fliegen zum Mond und zum Mars. Wir überbrücken über das Internet in Sekundenschnelle gigantische Entfernungen und reisen immer häufiger mit Überschallgeschwindigkeit. Leider bleibt unser geistiges Wohlbefinden bei diesen revolutionären Entwicklungen auf der Strecke. Wir sind durch sie nicht glücklicher geworden.

Im Gegenteil: Aus der Literatur zu diesem Thema geht hervor, dass über 50 % aller Menschen mit ihrer Arbeit nicht glücklich sind. Aktuelle Zahlen des niederländischen Forschungsinstituts TNO scheinen da eine hoffnungsvollere Aussage zu machen. Dem Kernbericht der Nationalen Umfrage zu den Arbeitsbedingungen (Nationale Enquête Arbeidsomstandigheden – NEA 2007) zufolge sind 77 % der 22 500 befragten Arbeitnehmer mit ihrer Arbeit zufrieden. Leider zeichnen diese Zahlen ein falsches Bild. Warum? Weil die meisten Menschen in Wahrheit die Konsequenzen ihrer Aussagen sehr gut kennen. Es ist einfacher, den Verstand auf Null zu setzen, als der unterschwelligen Unzufriedenheit ins Auge zu blicken. Denn das kann radikale Folgen haben wie einen Wechsel des Arbeitsplatzes, ein direktes Ansprechen des Arbeitgebers auf Probleme oder sogar die vollständige Aufgabe des Arbeitslebens. Aus dieser Umfrage geht natürlich auch hervor, dass 23 % der Arbeitnehmer mit ihrer Arbeit unzufrieden sind und das auch ehrlich zugeben. Bedenkt man aber die Zahl der Menschen, die ihre Probleme NICHT zugeben wollen oder dürfen, liegt der Anteil der Unzufriedenen mit Sicherheit über 23 %. Von insgesamt 7,4 Millionen Niederländern sind also über 1,7 Millionen mit ihrer Arbeit unzufrieden.

Unser körperliches Wohlbefinden lässt ebenfalls viel zu wünschen übrig. Beziehungsprobleme gehören in den Niederlanden zu den häufigsten Fällen in der Primärpsychologie und sind oft auch verbunden mit körperlichen Beschwerden. Demzufolge werden immer mehr Ehen geschieden. Die Scheidungsrate in den Niederlanden tendiert in den letzten Jahren bereits zu 40 %. In einigen anderen westlichen Ländern (wie in den Vereinigten Staaten von Amerika) liegt der Prozentsatz noch höher (Quelle: Artikel von Dr. D. P. H. Barelds in „Directieve Therapie“ vom September 2004).

Jede Methode und jede Therapie, die hier eine strukturelle Verbesserung bringen kann, ist von unschätzbarem Wert.

Ich habe die 3G-Methode entwickelt, um dir die Verwirklichung deiner Träume zu vereinfachen. Die Abkürzung „3G“ steht für *Gedanken*, *Gefühle* und *Verhalten* (niederl. *gedrag*). Diese Methode vermittelt einen Einblick in die tiefsten Antriebskräfte. Du entdeckst, worin deine größte Stärke liegt und wie du damit deinen Traum am besten verwirklichen kannst. Dazu stimmst du deine Gedanken, Gefühle und dein Verhalten aufeinander und auf dein Ziel ab. Sind die drei G-Faktoren besser aufeinander und auf dein Ziel abgestimmt, bist du kohärenter. Und je kohärenter du bist, desto schneller und umfassender wirst du dein Ziel verwirklichen. Das Prinzip ist vergleichbar mit einer Lupe im Zusammenspiel mit der Sonne: Hältst du die Lupe präzise im richtigen Abstand zum Objekt, bündeln sich die Sonnenstrahlen in einem Brennpunkt. Diese Abstimmung zwischen Lupe und Sonnenstrahlen ist eine Voraussetzung, Löcher in Holz oder Papier zu brennen. Damit du dein Ziel optimal verwirklichen kannst, musst du ebenfalls fokussiert sein. Deine Gedanken, deine Gefühle und dein Verhalten müssen so weit wie möglich miteinander und mit deinem Ziel übereinstimmen. Wenn alle drei G-Faktoren in dieselbe Richtung weisen, ist deine Kreationskraft maximal. Dann bist du, wie ich es ausdrücke, vollständig kohärent.

Zur Illustration der immensen Kraft der Kohärenz hier zwei Beispiele aus meinem eigenen Leben. Am 21. Januar 2008 saß ich mit einem befreundeten Geschäftsmann beim Abendessen. Im Verlauf unseres Gesprächs brachte dieser mich auf die Idee, einen Teil des Erlöses dieses Buches wohltätigen Zwecken zu spenden. In der Nacht träumte ich, dass mein Buch bei einer breiten Öffentlichkeit wie eine Bombe einschlagen würde. Dieser schwindelerregende Gedanke spukte den ganzen Tag in meinem Kopf herum. Gegen 16.00 Uhr erhielt ich einen Telefonanruf. Ein Herr von der Niederländischen Herzstiftung fragte mich freundlich, ob ich ein Spender werden wolle. Begeistert erzählte ich ihm von meinem Traum und sagte, ich würde gerne etwas für Kinder spenden. Er riet mir, mich mit „Jump", dem Jugendfonds der Niederländischen Herzstiftung, in Verbindung zu setzen, bei dem ich mit offenen Armen empfangen wurde. Etwas später hatte ich ein Gespräch bei der in Amsterdam ansässigen niederländischen Organisation von „Ärzte ohne Grenzen", die ebenfalls überaus begeistert von meinem Plan war! Also beschloss ich, als „Gutes Ziel" 10 % des Bruttoerlöses der ersten Auflage dieses Buches an diese beiden Organisationen zu spenden.

Ein zweites, für einige Leser eventuell konkreteres Beispiel ist der Telefonanruf, den ich Ende Dezember 2007 von meiner Steuerberaterin erhielt. „Ich habe eine schockierende Nachricht…", sagte sie mit leiser Stimme. „Ja?", fragte ich etwas beunruhigt. „Der Betriebsgewinn hat sich dieses Jahr verdoppelt!" Es war mir ein Rätsel, was ich im Jahr 2007 anders als in den Jahren zuvor getan haben sollte. Ich wusste nur: Ich hatte mich 2007 nahezu immer gut gefühlt. Anscheinend war mein Enthusiasmus so ansteckend, dass sich wie von selbst eine ansehnliche Anzahl neuer Klienten in meiner Praxis einfand. Damit kommen wir zu einer interessanten Frage: Was ist Erfolg, und wann bist du eigentlich erfolgreich? Es gibt Hunderte von Definitionen des Begriffs „Erfolg". Diesem Buch lege ich die folgende Definition zugrunde: *Erfolg ist die Erfüllung, die du durch die Verwirklichung deiner Träume erhältst.* Nach dieser Definition gründet Erfolg ausschließlich auf dem Glücklichsein im Hier und Jetzt. Solange du JETZT nicht glücklich bist, kannst du – im Rahmen der 3G-Methode – auch in Zukunft nicht glücklich sein. Was aber ist Glücklichsein?

Die einfachste Erklärung ist häufig die beste. Du bist glücklich, wenn du dich gut fühlst, ohne dadurch anderen Menschen oder der Umwelt zu schaden. Glück darf nicht auf Kosten der Harmonie des Ganzen gehen, von dem du selbst ein Teil bist. Wenn du in deinem Leben glücklich bist, wirklich glücklich in diesem einen untrennbaren Moment, den wir das JETZT nennen, hast du deinen größten Erfolg bereits erzielt! Du kannst also auch glücklich sein, ohne in einem prächtigen Schloss zu wohnen, einen Luxusschlitten zu fahren und einen Haufen Geld zu verdienen.

2. Erkenntnis ist die Basis

Bereits mit der Lektüre dieses Buches beginnst du Erfolg zu schaffen. Du lernst die Qualitäten deines Bewusstseins kennen. Das ist wichtig, denn *dein Bewusstsein ist das Material, mit dem du kreierst*. Wie ein Zimmermann benötigst du ebenfalls gutes Material. Ein guter Zimmermann repariert eine Scheune aus Eichenholz auch nicht mit Fichtenholz. Als zukünftiger „Kreierer" musst du wissen, mit welchem Material du kreierst, was deine Qualitäten sind und wie du diese für das Kreieren des von dir erträumten Lebens einsetzen kannst.

Wenn du etwas Neues lernst, ist das Wissen, womit du dich beschäftigst, eine praktische Voraussetzung. Natürlich kannst du dir Wissen ohne jegliches tiefere Verständnis antrainieren, aber du verrätst dein mangelndes Verständnis bereits beim geringsten Anlass. Dann benötigst du wieder jemanden, der über dieses Verständnis verfügt. Das kostet Anstrengung, Zeit, Geld und/oder Ärger. Für ein erfolgreiches „Selbstmanagement" *darfst* du aber nicht von anderen abhängig sein. Da niemand in dein Innerstes schauen kann, musst du zum gegebenen Zeitpunkt eigenständig eine Entscheidung treffen. In diesem Kapitel lernst du einige grundlegende Ausgangspunkte, die es dir leichter machen, deine eigene Entwicklung zu verstehen und zu fördern. Daher gehen wir hier der Frage nach, um was es geht und was wir bezwecken.

Beginnen wir mit drei ermutigenden zentralen Schlussfolgerungen:

1. Jeder ist Experte seiner eigenen Gedanken.
2. Jeder ist Experte seiner eigenen Gefühle.
3. Jeder ist Experte seines eigenen Verhaltens.

Warum? Jeder ist vom jüngsten Alter an mit seinem Bewusstsein vertraut, das auf bewusstem und unbewusstem Denken, Fühlen und Verhalten basiert. Der Lernprozess unseres Bewusstseins findet permanent statt, Tag und Nacht. Auch im Schlaf laufen Prozesse im Unterbewusstsein ab, mit denen wir tagsüber erhaltene Eindrücke und Informationen verarbeiten. Ein zweijähriges Kind besitzt bereits 2 x 365 x 24 Stunden = 17 520 Stunden an Erfahrung mit seinen Gedanken, seinen Gefühlen und seinem Verhalten. Das ist viel. Wer sich das gesamte Jahr über intensiv mit einem Hobby beschäftigt – gehen wir einmal von zwei Stunden pro Tag an sieben Wochentagen und damit vierzehn Stunden pro Woche aus –, benötigt rund vierundzwanzig Jahre für das Erreichen derselben Stundenzahl (17 520). Frage dich selbst: Kann man ein zweijähriges Kind dann noch als einen Anfänger bezeichnen? Stell dir einmal vor, wieviel Erfahrung ein Zwanzigjähriger in seiner relativ kurzen Lebenszeit bereits mit den drei G-Faktoren gemacht hat! Daher ist jeder in gewissem Sinne ein Experte auf dem Gebiet seiner Gedanken, seiner Gefühle und seines Verhaltens. Somit lässt sich die 3G-Methode von so gut wie jedermann einfach erlernen und allein oder gemeinsam mit anderen anwenden.

Nachdem ich die drei G-Faktoren in Umrissen ausgearbeitet hatte, habe ich diese sofort bei möglichst vielen Menschen, darunter Klienten, Freunden und Bekannten, getestet. Denn auch die schönsten Ideen bleiben wertlos, solange man sie keinem Praxistest unterzogen hat. Für eine Topografie ihres Bewusstseins ließ ich diese Personen daher drei Differenzierungslisten ausfüllen.

- Die erste Liste enthielt alle Qualitäten, die sie an sich schätzen. Diese bildeten das „Baumaterial", mit dem kreiert werden kann.
- In der zweiten Liste waren alle Qualitäten verzeichnet, die sie NICHT an sich schätzen. Diese Liste beschrieb ihre problematischen Eigenschaften, die das Kreieren ihrer Ziele erschweren.
- In die dritte Liste ließ ich diese Personen alle ihre Wünsche und Verlangen eintragen. Erst willkürlich und anschließend in der Reihenfolge ihrer Wichtigkeit. Die Absicht bestand darin, aus dieser Liste einen Wunsch, einen Traum oder ein Verlangen auszuwählen, dessen Verwirklichung dann ihr Ziel wurde.

Die ersten Ergebnisse meiner Umfrage waren durchweg ermutigend. Ich wandte diese Listen einmal bei einem jungen Eisschnellläufer an. Als dieser 1997 das erste Mal in meine Praxis kam, machte er einen erschöpften und gestressten Eindruck. Ich sagte ihm, ich hätte das Gefühl, er sei auf dem besten Wege, ein Burnout-Syndrom zu entwickeln. Er bestätigte meinen Eindruck und fügte hinzu, er widme seinem Sport seit Jahren viele Stunden und werde wöchentlich von einem persönlichen Trainer begleitet. Da dieser Trainer blind an sein Talent als Eisschnellläufer glaube, habe er einen noch schwereren Trainingsplan für ihn erarbeitet. Gestärkt von so viel mentaler Unterstützung trainiere er noch härter und habe sogar einmal den dritten Platz bei den regionalen Meisterschaften von Friesland errungen. Ich hatte jedoch den Eindruck, dass etwas in seiner Erzählung nicht stimmig war. Nachdem er die Differenzierungsliste der 3G-Methode ausgefüllt hatte, zeichnete sich das Bild eines fanatischen Eisschnellläufers mit einer mittelmäßigen Begabung ab. Er hatte das Ziel, Mitglied der niederländischen Nationalmannschaft zu werden, aber wir kamen gemeinsam zu der Schlussfolgerung, dass ihm die dazu erforderlichen Qualitäten fehlten. Endlich wurde er sich bewusst, dass sein Ziel zu hoch gegriffen war, obwohl er das eigentlich bereits die ganze Zeit selbst gewusst hatte.

Nach dieser Erkenntnis wurde er merklich ausgeglichener. Er bedankte sich von ganzem Herzen bei mir. Endlich hatte er die innere Ruhe gefunden, die er so nötig hatte. In dieser Weise habe ich durch fortlaufende Ergänzungen, Veränderungen und Verbesserungen die 3G-Methode allmählich immer weiter zu der Methode weiterentwickelt, die dieses Buch beschreibt. Durch unzählige in den folgenden Jahren abgehaltene Sitzungen entdeckte ich beispielsweise, dass die meisten Menschen ein falsches Selbstbild von sich haben. Meistens kennen sie die negativen Eigenschaften anderer besser als ihre eigenen. In der Psychologie sprechen wir dann von „blinden Flecken“. Das Merkmal eines blinden Flecks ist, dass man ihn nicht sieht oder nicht sehen will. Und selbst, wenn man ihn tatsächlich erkennen will, benötigt man dazu die Hilfe anderer. Der Grund dafür ist, dass sich dein gesamtes Bewusstsein in den Menschen widerspiegelt, die dich umgeben.

Timothy Wilson, Dozent für Psychologie an der Universität von Virginia, hat zahlreiche Studien bei seinen Studenten durchgeführt. Aus diesen geht hervor, dass fast alle Menschen auf der Suche nach Selbsterkenntnis sind. Ein Paradoxon ist aber die weitere Schlussfolgerung von Wilson, dass die meisten Menschen nur über sehr wenig Selbsterkenntnis verfügen. Verschiedene andere psychologische Studien sowie auch die Erfahrungen aus meiner eigenen Praxis deuten darauf hin, dass Menschen, die dich gut kennen, häufig ein schärferes und realistischeres Bild von dir haben als du selbst. Wilson hat zahlreiche Studien über unbewusstes Verhalten durchgeführt. Das sind Verhaltensweisen, von denen wir glauben, sie seien bewusst, die aber eigentlich von unbewussten Prozessen gesteuert werden. Scheinbar bewusste Handlungen wie Bewegungen, Stehen und Laufen oder eine Auswahl Treffen werden laut Wilson größtenteils von etwas gesteuert, das er das „Adaptive Bewusstsein" nennt.

Zur Vorbereitung auf den Arbeitsteil dieses Buches empfehle ich dir daher, deinen Partner, besten Freund oder deine beste Freundin zu bitten, zwei Listen über dich zu erstellen, bevor du deine eigenen Listen anfertigst.

Lass diese Person zuerst eine Liste mit deinen ihrer Meinung nach positivsten Eigenschaften und Talenten anfertigen. Anschließend dann eine zweite Liste mit deinen in ihren Augen negativsten Eigenschaften. Bitte die Person darum, so ehrlich wie möglich zu sein und dich nicht zu schonen. Sie sollte dir diese Listen vorzugsweise in einem verschlossenen Umschlag geben, den du erst öffnest, wenn du bei der Erstellung der eigenen zweiten Liste in Teil 2 dieses Buches angelangt bist. Wenn du dann die Listen dieser Person mit den von dir erstellten Listen vergleichst, wirst du zu überraschenden Schlussfolgerungen gelangen. Dieser Vergleich ist eine außerordentlich lehrreiche und für jeden empfehlenswerte Erfahrung.

3. Das „3-in-1"-Prinzip der 3G-Methode

Damit der Kreationsprozess für alle Menschen zugänglich ist, habe ich die universelle, auf jeden Menschen anwendbare 3G-Methode entwickelt. Auf dieser Grundlage ist es daher unerheblich, ob du ein Macher, ein Denker oder ein Gefühlsmensch (ein „Fühler") bist. Bei einer richtigen Anwendung, das heißt mit der richtigen Abstimmung, kannst du mit dieser Methode ALLES kreieren, was du willst. Wenn deine Gedanken, deine Gefühle und dein Verhalten nahtlos miteinander verbunden und vollständig auf dein Ziel ausgerichtet sind, erreichst du eine maximale Kreationskraft. Dann besteht eine Kohärenz zwischen diesen drei Ebenen deines Bewusstseins. Der Begriff „Kohärenz" bezeichnet diese innerliche Abstimmung und Übereinstimmung der drei G-Faktoren (siehe Abbildung 1).

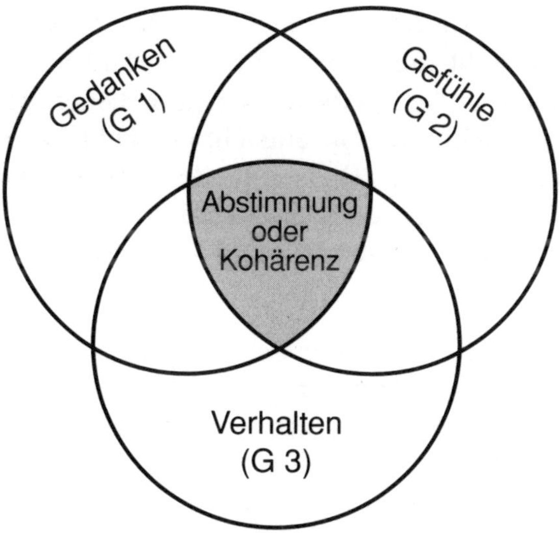

Abbildung 1

Die Einheit deiner Gedanken, deiner Gefühle und deines Verhaltens an ihren Berührungspunkten bildet das Fundament einer unbegrenzten Kreationskraft und ist vergleichbar mit dem Dreieck, das die architektonisch stabilste Bauform ist.

4. Warum ist die 3G-Methode neu?

Ich treffe immer wieder Menschen, die denken, die 3G-Methode bereits zu kennen. Das ist nicht ungewöhnlich, wenn man bedenkt, dass wir alle mit dem Denken, Fühlen und Handeln vertraut sind. Wir alle sind Experten unserer Gedanken, Gefühle und Verhaltensweisen. Das bedeutet aber noch nicht, dass wir die 3G-Methode bereits kennen! Karel Appel, Bob Ross und Vincent van Gogh sind drei bekannte Maler. Obwohl alle drei mit Farbe arbeiteten, war ihr *Malstil* vollkommen unterschiedlich. Jeder von ihnen war einzigartig und hatte seine eigene, innovative Maltechnik! Das Neue an der 3G-Methode ist nicht die Arbeit mit dem Denken, Fühlen und Handeln, sondern die *Art* dieser Arbeit. Erneuerung fällt nicht einfach so vom Himmel. Sie entsteht vielmehr aus einer neuen Zusammensetzung der Bausteine des bereits vorhandenen Wissens. Das gilt ebenso für die Relativitätstheorie von Albert Einstein wie für die Pasteurisierungs- und Impfungstechniken von Louis Pasteur.

Jede Erfindung, jedes innovative Konzept basiert auf vorhandenem Wissen. Selbst der geniale Innovator Leonardo da Vinci musste das Rad nicht neu erfinden. Er baute seine brillanten Entwürfe auf dem Wissen seiner Zeit auf. Die 3G-Methode ist ebenfalls nicht einfach so vom Himmel gefallen. Sie ist die Synthese aus rund dreißig Jahren Erfahrung und Tausenden von Beratungsgesprächen. Darum habe ich diese

Methode so konzipiert, dass sie sowohl tiefgreifend und wirksam als auch einfach in ihrer Anwendung ist. Das Neue an der 3G-Methode basiert auf vier Hauptpfeilern:

1. Du lernst Schritt für Schritt, was kohärentes Kreieren ist und wie du dieses auf dein eigenes Leben anwenden kannst.
2. In jeder Phase des Kreationsprozesses arbeitest du mit der gleichzeitigen Ausrichtung auf drei Ebenen: Denken, Fühlen und Handeln.
3. Mit den Kerndreiecken kannst du dein Bewusstsein, das heißt dein Denken, Fühlen und Handeln, optimal auf dein Ziel fokussieren.
4. Die 3G-Methode knüpft an die aktuellsten wissenschaftlichen Erkenntnisse an.

5. Du kreierst deine *eigene* Wirklichkeit

Die Wirklichkeit, wie sie uns durch den Filter der drei G-Faktoren erscheint, wird von jedem Menschen unterschiedlich wahrgenommen. Stell dir vor, dir begegnet auf der Straße ein Obdachloser. Du kannst diesen als eine abstoßende Person ansehen. Wenn du so über ihn denkst, wird dieser Obdachlose bei dir ein Gefühl von Abscheu und Widerwillen oder sogar Verachtung auslösen. Du wirst einen großen Bogen um ihn machen. Du kannst diesen Obdachlosen aber auch als einen Menschen wie dich selbst betrachten. Als eine Person, die einen tiefen Fall erlebt hat und von der du beispielsweise lernen kannst, wie eine destruktive oder traumatische Kindheit, eine Scheidung oder ein Ruin das Leben eines Menschen völlig aus der Bahn werfen können. Dann fühlst du Betroffenheit, Mitgefühl, Mitmenschlichkeit oder Mitleid. In diesem Fall gibst du ihm vielleicht etwas Geld oder hilfst ihm auf andere Weise.

Es handelt sich also um zwei unterschiedliche Sichtweisen, die unterschiedliche Gedanken, Gefühle und Verhaltensweisen hervorbringen. Aber nicht nur das: Menschen achten aufgrund ihrer unterschiedlichen Sichtweise und ihres jeweils persönlichen Weltbildes auch auf andere Aspekte. Sie sehen dadurch sowohl im wörtlichen wie übertragenen Sinne andere Dinge.

Jeder Mensch erschafft sich seine eigene, einzigartige Wirklichkeit, die abhängig ist von seiner eigenen, *einzigartigen Interpretation* dessen, was er sieht, hört, schmeckt, riecht, denkt und fühlt. Wenn drei Menschen dasselbe Ereignis erleben, ist ihre persönliche Interpretation dieses Ereignisses niemals identisch. Dass alle drei Personen im selben Moment am selben Ort (oder besser: fast am selben Ort!) dasselbe Ereignis wahrnehmen, ist nicht entscheidend, denn sie interpretieren es dennoch nur anhand ihrer eigenen Wahrnehmung. Was sie gesehen oder gehört haben (oder glauben, gesehen oder gehört zu haben), weicht meistens in wichtigen Punkten erheblich von dem ab, was andere Wahrnehmende gesehen oder gehört haben.

Bei kleinen Kindern wird das überdeutlich. Sie leben in einer Fantasiewelt, die sie sich selbst erschaffen haben. Erwachsene neigen ebenfalls unbewusst dazu, Tatsachen oder Vorfälle zu verfälschen. Daher gibt es keine objektiven, allgemein gültigen Zeugenaussagen. Es handelt sich um subjektive Beobachtungen, persönliche Berichte einer persönlichen Wahrnehmung. Jeder Mensch sieht andere Aspekte ein und desselben Baums. Der eine fokussiert seine Aufmerksamkeit auf den Stamm, der andere auf die Äste und wieder ein anderer auf die Wurzeln, den Standort, die Bodenbeschaffenheit, die umliegenden Häuser und Straßen und so weiter. Eine objektive, allgemein gültige Wirklichkeit besteht (eventuell mit Ausnahme in der reinen Wissenschaft) also nicht.

Respektiere daher immer die Wirklichkeit (und Wahrheit) eines anderen. Denn genau wie du hat jeder ein Recht auf seine eigene Wirklichkeit (und Wahrheit).

Du bist der Erschaffer der Welt, in der du lebst.

Außerhalb deiner eigenen Wirklichkeit befindet sich *nichts*. Wenn du ein schönes Leben haben willst, dann erschaffe es dir so weit wie möglich selbst. Eine „Goldene Regel" besagt, dass deine Umgebung dein Verhalten widerspiegelt. „Wie man in den Wald hineinruft, so schallt es heraus", lautet das Sprichwort, und so ist es auch! Begrüßt du jemanden mit einem freundlichen Lächeln, ist das Eis häufig schon gebrochen. Triffst du beispielsweise eine missgelaunte Person, wirkt dein freundliches Lächeln ansteckend, und du spricht direkt das Beste in ihr an. Ein Vorgesetzter, der seine Arbeitnehmer lobt und respektvoll behandelt, erhält das früher oder später zurück. Er wird bei seinen Mitarbeitern den von ihm gesäten Respekt und guten Willen ernten. Freundlichkeit hat keinen Extrapreis. Sie verringert die Distanz zwischen Menschen, steigert den Erfolg und ist gut für deine Gesundheit.

Eine interessante Tatsache ist, dass das menschliche Gehirn nicht zwischen eingebildeter Realität und realer Einbildung unterscheiden kann. Es besteht beispielsweise nur ein kleiner oder kein Unterschied zwischen der lebhaften Fantasie über deine Zukunft und deren Erleben! Ist deine Fantasie stark und lebendig genug, löst sie Reize in deinem Nervensystem aus, die so echt sind, als entspräche deine Fantasie der Realität. Und weil es so scheint, geschieht es auch wirklich. Indem du immer fester an dich selbst glaubst, kreierst du die richtigen Bedingungen und Ereignisse. Damit festigst du dich selbst, und dein Glaube wird zu einer felsenfesten Überzeugung.

Diese Tatsache ist ein wichtiges Grundprinzip für die Verwirklichung deiner Ziele. Du willst Erster in deinem Lieblingssport werden? Dann versetzte dich in Gedanken bereits im Voraus in die Situation, wie du auf dem Siegerpodest stehst und dir die Goldmedaille überreicht wird. Was denkst du in diesem Moment, in dem du dort stehst, über dich selbst (G1)? Wie fühlst du dich als Sieger (G2)? Welche Haltung nimmst du an (G3)? Die Prinzipien der Selbstheilung und des Placebo-Effekts liegen auf der verlängerten Achse dieses Grundprinzips. Wenn du tatsächlich gesund werden willst und davon überzeugt bist, es werden zu können, besteht eine große Chance, dass es dir auch gelingt.

Als David Felten, Professor für Neurobiologie an der Universität von Rochester, im Jahr 1981 zufällig ein Netzwerk von Verbindungen zwischen dem zentralen Nervensystem, dem Immunsystem, den Blutgefäßen, dem Thymus und der Milz entdeckte, wurde er von seinen Kollegen ausgelacht. Mittlerweile sind siebenundzwanzig Jahre vergangen, und die Beweise, dass das Gehirn unsere Abwehrkräfte gegen Krankheiten beeinflussen kann, vermehren sich. Wissenschaftler wie Dr. David Servan-Schreiber (Dozent der Klinischen Psychiatrie an den Universitäten von Lyon und Pittsburgh) und Cobi Heijnen (Dozent für Psychoneuroimmunologie an der Universität von Utrecht) haben nachgewiesen, dass Stresshormone in Verbindung mit negativen Gedanken, Gefühlen und Verhaltensweisen unsere Abwehrkräfte gegen Krankheiten schwächen.

Umgekehrt ist eine sorgenfreie, positive Lebenseinstellung förderlich für ein besser funktionierendes Immunsystem und damit eine wachsende Gesundheit. Mit jedem Lächeln werden Signale an das Gehirn gesendet, dass du dich gut fühlst. Der Körper wird zur Produktion von Endorphinen angeregt. Dieses „Glückshormon“ hat eine stark schmerzstillende und beruhigende Wirkung. Je mehr du also lächelst, desto weniger Schmerzmittel, Beruhigungsmittel und Antidepressiva wirst du benötigen! Ein schöner Nebenaspekt ist, dass du für ein Lächeln nur vier Muskeln bewegen musst, während für eine traurige Miene siebenunddreißig (!) Muskeln erforderlich sind. Freundlichkeit wirkt Wunder und verändert dein persönliches Lebensumfeld.

6. Was sind die drei G-Faktoren?

Die drei G-Faktoren beinhalten sehr viel mehr als nur Denken, Fühlen und Handeln. Sie sind Modalitäten, die gemeinsam praktisch alle Aspekte des menschlichen Bewusstseins umfassen. Dadurch ist die 3G-Methode multifunktional anwendbar. Es gibt drei Modalitäten:

- die G1-Modalität, in der deine Gedanken im Mittelpunkt stehen;
- die G2-Modalität, in der deine Gefühle im Mittelpunkt stehen;
- die G3-Modalität, in der dein Verhalten im Mittelpunkt steht.

Was sind Modalitäten? Sie sind die Mittel, mit denen du deine eigene Wirklichkeit interpretierst, bedenkst, erfährst, spürst, angehst, veränderst und dich ihr näherst. Jeder Mensch denkt über sein Leben und seine Wirklichkeit nach. Jeder Mensch hat ein bestimmtes Gefühl für sein Leben und seine Wirklichkeit. Jeder Mensch handelt in seinem Leben und seiner Wirklichkeit auf seine individuelle, einzigartige Weise.

Die drei Modalitäten bestimmen die einzigartige Weise, mit der du deine eigene Wirklichkeit kreierst.

Wie du im Verlauf der Lektüre dieses Buches verstehen wirst, sind diese Modalitäten bei jedem Menschen unterschiedlich. Sie bilden die persönlichen Filter zwischen uns selbst und der von uns kreierten Wirklichkeit. In deinem persönlichen Kreationsprozess wirst du mit großer Wahrscheinlichkeit die vertrauten Pfade benutzen. Damit meine ich, dass du von Natur aus die Neigung hast, deine Ziele auf eine Weise zu verwirklichen, die deiner Persönlichkeit und Egostruktur entspricht. Will ein Denker, ein Fühler oder ein Macher ein bestimmtes Ziel realisieren, verfolgt jeder von diesen einen anderen Ansatz. Gehen wir einmal davon aus, alle drei haben das identische Ziel, eine harmonische Beziehung mit einer angenehmen Person zu führen. Der Denker wird sich diesem Ziel analytisch und distanziert annähern. Er kann beispielsweise ein detailliertes Persönlichkeitsprofil mit seinen Talenten, seiner Arbeit und seinen Hobbys in einer Dating-Seite im Internet veröffentlichen. Der Fühler folgt seinen Gefühlen und legt daher weniger Wert auf die Erstellung eines Persönlichkeitsprofils. Die Situation einer tatsächlichen Begegnung sagt ihm mehr zu als eine Präsentation im Internet. Der Macher bevorzugt Aktivitäten wie gemeinsame Unternehmungen oder Projekte. Alle drei verwirklichen ihr Ziel auf eine andere Weise, die weder schlechter noch besser als die der anderen sein muss.

Diese dreigliedrige Einteilung der Persönlichkeitsstrukturen hilft dir, dich selbst und andere besser kennen zu lernen, damit du dich weniger schnell in den Fallstricken von Unverständnis und Missverständnis verfängst. Es bieten sich unzählige Möglichkeiten der Anwendung. Denke beispielsweise an Beziehungsvermittlungen, Coaching-Programme für eine Reintegration oder Bewerbungsvermittlungen. Überall, wo Menschen miteinander arbeiten müssen, wie beispielsweise in der Geschäftswelt, trägt diese Einteilung ihre Früchte.

Es scheint mir hier der geeignete Augenblick gekommen, näher auf die drei Modalitäten und deren jeweilige Bedeutung einzugehen.

Gedanken (Kernbegriff der G1-Modalität)

Es gibt bewusste und unbewusste Gedanken. Den Wortlaut „unbewusste Gedanken“ setze ich zwischen Anführungszeichen, da diese beiden Begriffe scheinbar widersprüchlich sind. Denn wie kann man von Gedanken sprechen, deren man sich nicht oder kaum bewusst ist? Beispiele von unbewussten Gedanken sind bestimmte Überzeugungen, die unterschwellig die Aktivitäten des Alltagslebens bestimmen. Immer wenn du beispielsweise eine Beförderung anstrebst, klingt eine Stimme in deinem Kopf, die Dinge sagt wie: „Das wird mir sowieso nicht gelingen“ oder „Ich bin es nicht wert.“ Daneben hast du natürlich auch positive Überzeugungen wie „Ich bin der Beste“ oder „Ich bin attraktiv, freundlich, glücklich, erfolgreich und intelligent.“ Du kannst diese Liste selbst beliebig weiterführen.

Ein anderes Beispiel unbewusster Gedanken sind die so genannten Reflexe oder „reflexartigen Gedanken“. Stell dir vor, du überquerst einen Zebrastreifen. Rechts vor dir, auf der anderen Straßenseite, siehst du deinen besten Freund entlanglaufen. Du schaust nach rechts und rufst seinen Namen. Im selben Moment nähert sich von hinten links ein Auto mit sehr hoher Geschwindigkeit. Der Fahrer ist betrunken und bremst zu spät. Du springst reflexartig zur Seite, kurz bevor dich das Fahrzeug mit voller Geschwindigkeit erfasst. Der Gedanke „Ich muss von der Straße weg, denn ich befinde mich in Lebensgefahr!“ wird augenblicklich, noch bevor er in dein Bewusstsein dringt, in eine Handlung umgesetzt: sofort beiseite zu springen.

Gefühle (Kernbegriff der G2-Modalität)

Wenn ich über „Gefühle“ spreche, entstehen bereits sehr schnell Missverständnisse. Der eine denkt bei „Gefühlen“ beispielsweise an Emotionen wie Freude oder Trauer, ein anderer verwendet diesen Begriff in Verbindung mit Liebe oder Hass, und wieder ein anderer meint damit eigentlich sensorische Wahrnehmungen wie Juckreiz oder Schmerz. Dieser Begriff stiftet also Verwirrung. Aus praktischen Gründen bin ich daher von den gängigen Bedeutungen des Begriffs „Gefühl“ abgewichen. Ich verwende das Wort „Gefühl“ hier nicht nur für den Ausdruck von Gefühlen (wie Liebe oder Hass), sondern schließe auch Emotionen (wie Freude, Trauer oder Schwermut), Instinkte (wie Sexual- und Überlebenstrieb), Intuition (und vergleichbare Phänomene wie Hellsichtigkeit, Telepathie und Vorahnung), Inspiration, Fantasie, Einbildungskraft (wie Träume und Visionen) und sinnliche Wahrnehmungen, das heißt Gefühlsempfindungen der Sinnesorgane und deren Nervensysteme (Hören, Sehen, Riechen, Schmecken und Fühlen) in den Begriff „Gefühl“ ein.

Die letztgenannte Bedeutung des Begriffs „Gefühl“ finden wir auch im Volksmund wieder. Wenn jemand sagt, er habe gefühllose Arme und Beine, meint er damit nicht, dass seine Arme und Beine keine Emotionen und Gefühle ausdrücken, sondern aufgrund einer Lähmung oder eines Ausfalls der Sinnesfunktionen in diesem Bereich nicht mehr normal funktionieren.

Verhalten (Kernbegriff der G3-Modalität)

Auch der Begriff „Verhalten“ bedarf einer näheren Erläuterung. Mit diesem Wort meine ich nicht nur die Verhaltensweise, sondern auch, wie man handelt oder gerade nicht handelt. Im Rahmen der 3G-Methode bedeutet „Verhalten“ also neben Handeln und Aktion auch Abwarten, Schweigen oder Sprechen, froh, böse oder gleichgültig zu schauen, zu reagieren oder nicht zu reagieren, bewusst oder unbewusst eine bestimmte Haltung einzunehmen und so weiter. Wie bist du gekleidet? Welche Handlung führst du aus? Packst du gerne an oder wartest du lieber ab? Welche verbalen oder nicht verbalen Signale sendest du aus? Welche Ausstrahlung hast du auf andere? Alle diese Aspekte sind Bestandteil deines Verhaltens. Kurz gesagt: Dein Verhalten ist die Art, wie du dich der Außenwelt darstellst. Wir können den Begriff „Verhalten“ einerseits unterteilen beispielsweise in deine Körpersprache, deine Körperhaltung, deine Bewegungen, deine Art zu sprechen, deinen Blick, deine Mimik, deinen Kleidungsstil, deine Handlungen, deine Projektausführungen, deine Arbeit oder dein Registrieren von Gedanken, und andererseits in deinen Charakter und deine Ausstrahlung, das heißt eine schüchterne oder aggressive Haltung, ein ruhiges oder unruhiges, extrovertiertes oder introvertiertes, freundliches oder gereiztes Verhalten.

Daher kann man im Rahmen der 3G-Methode weiterhin von *Gedanken*, *Gefühlen* und *Verhalten* sprechen, wenn man mit einbezieht, dass es sich eigentlich um Modalitäten handelt, deren Bedeutungsspektrum über den alltäglichen Sprachgebrauch hinausgeht. Ein gutes Beispiel einer Person, deren drei G-Faktoren in der Kreationsphase kohärent sind, ist der berühmte Geiger André Rieu. Er selbst sagt, sein Leben bestehe aus der Verwirklichung seiner Träume. Wenn er eine brillante Idee hat (G1), beginnt er sofort mit deren Umsetzung (G3). Kürzlich hat er sogar den größten Kulissennachbau aller Zeiten durchführen lassen: das Schloss der österreichischen Kaiserin Sisi. Die 64 000 Einzelteile dieses gigantischen Schlosses werden in einhundert Lastwagen transportiert. Der einzige Grund für den Bau dieser Kulisse: Sie passt perfekt zu seiner Musik. Obwohl er das gesamte Jahr über in der gesamten Welt auf Konzertreise ist, hat er so viel Freude (G2) an der Ausübung seiner Berufung, dass er weiterhin niemals von Arbeit spricht. Für ihn ist jeder Tag wie ein Fest!

7. Entdecke deinen Traum

Jeder Kreationsprozess beginnt, sobald du weißt, was du willst. Die Entdeckung deines Herzenswunsches bestimmt sowohl die Richtung als auch das Ziel deines Kreationsprozesses. Die Entwicklung vom Wunsch zur Wirklichkeit ist vergleichbar mit der Entwicklung eines Samens zur Frucht. Ein Same, der im richtigen Nährboden liegt und ausreichend Licht, Wasser und Nährstoffe erhält, kann sich zu einer reifen Frucht entwickeln. Mit unseren Wünschen verhält es sich ebenso. Wenn wir ihnen die Aufmerksamkeit widmen, derer sie bedürfen, besteht die Aussicht, dass sie eine außergewöhnliche Entwicklung nehmen. In der Phase, in der wir unsere Wünsche noch nicht gut genug kennen, sind wir auch verwundbar. Wir reagieren dann besonders sensibel auf Kritik. Mache daher deinen Wunsch öffentlich, damit du vollständig hinter ihm stehst. Überprüfe seine Realisierbarkeit und berechne deine Chancen. Du hast das Vertrauen, dass dein Wunsch realisierbar ist? Dann prüfe in alle Richtungen, was Laien, Insider und Experten darüber denken. Setze dazu deine Intuition, dein Gefühl, deine Lebenserfahrung und deinen Verstand ein.

Berücksichtige, falls du befürchtest, dein Traum sei zu hoch gegriffen, dass es sich um deine Sichtweise handelt. Für das

Universum ist nichts unmöglich! Alles ist möglich, wenn DU es nur willst! Wähle deine Ziele daher sorgfältig und so perfekt wie möglich. Du bist der „Kreierer“, der Magier des Universums, der alles Mögliche hervorzaubert. Mühelos, ohne mit der Wimper zu zucken.

Überdenke deine Vorstellung von deinen innigsten Wünschen und Träumen. Wenn wir einmal davon ausgehen, dass du buchstäblich alle deine Wünsche ohne Hindernisse und Blockaden verwirklichen kannst: Wer willst du dann sein? Was willst du unternehmen und erlangen? Wie sieht dein Leben danach aus? Was würdest du am liebsten mit deinem Leben, mit dir selbst und/oder deiner nächsten Umgebung tun, wenn buchstäblich alles möglich ist? Worin liegt deine größte Passion? Halte dich nicht zurück, lass deiner Vorstellung freien Lauf. Welche Ideale strebst du wirklich an?

Du kannst vielleicht nicht gut singen, besitzt aber Talent für das Klavierspiel. Vielleicht ist es auch umgekehrt, und du hast eine Stimme wie eine Nachtigall, aber keine Veranlagung für das Klavierspiel. Obwohl du täglich Glenn Gould hörst und seit Jahren ehrgeizig auf einem perfekt gestimmten Steinway übst, fehlt etwas. Trotz deines Einsatzes und deiner guten Absichten fehlt dir das „Fingerspitzengefühl“. Darum stolperst du deutlich hörbar unbeholfen über die Klaviertasten. Für einen Spitzensportler ist die Voraussetzung kaum anders. Die Veranlagung für den Schlittschuhlauf erfordert vollkommen andere Eigenschaften als für das Tischtennisspiel. Daher ist das Wissen unverzichtbar, was *deine* Qualitäten sind. Welcher Bereich liegt dir am besten?

Erkunde in dir selbst, welcher Wunsch oder Traum dir das positivste Gefühl gibt. Dieses Gefühl kann aufrechter Stolz, Empfindsamkeit, ein Hochgefühl oder sogar ein angenehmes

Kribbeln sein oder auch Freude, Glück, Erregung, intensive Seligkeit oder tiefe Ergriffenheit. Mache aus der Verwirklichung dieses Traums, dieses Wunsches oder dieses Verlangens ruhig dein Hauptziel.

Wie findest du am schnellsten heraus, welcher Wunsch zu dir passt und ob er realisierbar ist? Prüfe dazu zuerst, in welcher der folgenden Persönlichkeitsstrukturen du dich selbst wiedererkennst:

- **Der Denker:** Dieser entdeckt seine Ziele vorwiegend in Gesprächen mit anderen und durch Nachdenken. Gespräche mit erfahrenen Sachkundigen sind ihm vor allem nützlich für das Einholen inhaltlicher und relevanter Informationen. Das Sammeln von Wissen, Erkenntnissen und Meinungen steht hierbei im Mittelpunkt. Der Denker sucht gerne nach logischen Erklärungen und guten Gründen für die Verwirklichung seiner Ziele. Veranstaltungen wie Bekanntschaftsabende und Workshops sind ergänzende Mittel. Eine theoretische Untermauerung durch Internet-Recherchen, Bücher und Fachpublikationen hat bei seiner Urteilsbildung ebenfalls einen hohen Stellenwert.
- **Der Fühler:** Dieser erkundet seine Ziele vorwiegend „nach Gefühl". Gespräche mit erfahrenen Sachkundigen dienen ihm zur Bildung einer realistischen und konkreten Vorstellung seines Ziels. Was genau ist es, und wie sieht es aus? Wissen hat nur dann einen Stellenwert, wenn dieses ihm ein gutes Gefühl vermittelt und stimmig erscheint. Für den Fühler dienen Veranstaltungen wie Bekanntschaftsabende und Workshops, vor allem zur Auslotung der Atmosphäre. Das Ziel muss „erfühlbar" sein. Eine theoretische Untermauerung ist für ihn nur zum Zweck einer deutlicheren Vorstellung des Ziels sinnvoll.

- **Der Macher:** Dieser entdeckt seine Ziele vorwiegend durch Handeln, das heißt durch Anpacken und Ausprobieren. Gespräche mit erfahrenen Sachkundigen dienen der Einholung von Informationen über die eigentliche Praxis. Wie funktioniert es, was muss ich tun, und welche Fähigkeiten werden von mir erwartet? Welche Handlungen muss ich durchführen? Für den Macher sind Veranstaltungen wie Bekanntschaftsabende und Workshops vor allem hilfreich, wenn dort mit praxisnahen Materialien und Beispielen gearbeitet werden kann. Eine theoretische Untermauerung ist ihm nur dann wichtig, wenn sie ihm eine fachgerechte Ausführung der gewünschten Handlungen und Aufgaben ermöglicht.

In der Praxis treffen wir vorwiegend auf Kombinationen des Denkers, Fühlers und Machers. Der Schwerpunkt liegt bei den meisten Menschen fast immer bei einer dieser drei Persönlichkeitsstrukturen. Prüfe nun selbst oder mit Unterstützung von anderen, welche von diesen auf dich zutrifft. Denn wenn du deine Persönlichkeitsstruktur kennst, verstehst du dich und dein aktuelles Leben sofort wesentlich besser. Dieses Verständnis vereinfacht das Entdecken deines Ziels, das heißt der Richtung, in die du dich am besten entwickelst.

Gehe bei der Entdeckung deines Ziels immer vom besten, schönsten und höchsten Ziel aus, das innerhalb deiner Möglichkeiten liegt. Bleibe dir selbst treu, lass dir von anderen nicht einreden, dein Herzenswunsch sei unerfüllbar. Schütte also kein Wasser in den Wein. Denn wenn du dich mit einem Ziel begnügst, das weit unter deinem Können liegt, geht das höchste Realisierbare an dir vorbei, und du lässt dir einmalige Chancen entgehen!

Bei der Verwirklichung deines Traums spielt deine **wahre Absicht** die Hauptrolle. Der Begriff „Absicht“ hat qua Definition zwei Grundbedeutungen:

1. Zielsetzung
2. Ausrichtung

Beide Bedeutungen passen in die 3G-Methode. Meiner Meinung nach ist Absicht untrennbar verbunden mit deiner wahren *Zielsetzung* und der Ausrichtung auf dein Ziel. Die Absicht kann positiv oder negativ, „rein" oder „unrein" sein.

Es kann vorkommen, dass sich deine bewusste und unbewusste Absicht unterscheiden. Du erscheinst der Außenwelt vielleicht selbstbewusst, aber auf unbewusster Ebene, tief in deinem Inneren, bist du unentschlossen und ängstlich. Es kann auch umgekehrt sein, und du magst zögerlich erscheinen, obwohl du in entscheidenden Momenten zupackst. Du nimmst vielleicht eine dominante Haltung an, weil du Verletzlichkeit oder Minderwertigkeitsgefühle verbergen willst, um nur einige Beispiele zu nennen. Der Betreiber einer Fahrschule, der um jeden Preis reich werden will, behandelt seine Kunden anders als einer, der seinen Beruf liebt. Obwohl beide eine identische bewusste Absicht haben können (einen möglichst guten Fahrunterricht zu bieten), sind ihre unbewussten Zielsetzungen gegensätzlich und werden zu einem gegebenen Zeitpunkt auch gegensätzliche Ergebnisse hervorbringen. Deine wahre Absicht ist in anderen Worten die Gesamtsumme deiner bewussten und unbewussten Zielsetzungen. Du kannst nur dann optimal kreieren, wenn deine wahre Absicht mit deinem Ziel übereinstimmt.

8. Formuliere dein Ziel gut!

Bei der Formulierung eines Ziels kann der Verstand ein Problem sein. Warum? Der Verstand will alles logisch erklären und versucht dir einzureden, dein Ziel sei zu hoch gegriffen, du könntest es nicht schaffen, du seist nicht gut genug oder es sei dir nicht beschieden. Akzeptiere, dass du dein Ziel mit unerklärbaren universellen Kräften und Energien kreierst, und lasse dich von deinem Herzen leiten.

Einige spirituelle Lehrer betrachten das Universum als ein gigantisches Bestellzentrum. Meiner Meinung nach eine schöne Metapher, sofern man den Begriff „Bestellung“ nicht allzu wörtlich nimmt. Mir erscheint das Universum in der Tat als ein grenzenloser Spielplatz mit endlosen Möglichkeiten. Für die Verwirklichung eines Traums oder Verlangens ist die Aufgabe der richtigen Bestellung bereits die halbe Miete. Denn je besser du dein Ziel formulierst, desto größer ist die Chance der Verwirklichung. Wie mache ich das? Wie gebe ich die richtige Bestellung auf, damit das Universum mir liefert, was ich bestellt habe? Als Ausgangspunkt musst du wissen, was du wirklich willst. Es ergibt keinen Sinn, etwas zu bestellen, hinter dem du nicht oder nur halbherzig stehst.

Es suchen mich auch Menschen auf, die ihre Enttäuschung über ihren Kreationsprozess zum Ausdruck bringen. Sie hätten sich jahrelang darum bemüht, das Prinzip des positiven Denkens und Gesetzes der Anziehungskraft in die Praxis umzusetzen, aber ihr Ziel bisher nicht verwirklicht. Es schmerzt mich, dass ihr aufrechtes Streben nach Selbstentwicklung trotz guter Absichten missglückt. Sei daher spezifisch und eindeutig in der Aufgabe deiner Bestellung, denn vage Bestellungen zeitigen vage Ergebnisse.

Ein klassischer Fehler ist die falsche Formulierung deines Wunsches. Falls du beispielsweise ein Verlangen nach Glück hast, dann sage nicht: „Ich will glücklich sein“, sondern „Ich bin glücklich“. Die Formulierung „Ich will glücklich sein“ hält den Zustand des Wünschens aufrecht. Wir träumen aber nicht davon, glücklich sein zu WOLLEN. Wir träumen davon, glücklich zu SEIN! Du willst reich werden? Dann sage nicht: „Ich will reich werden“, denn damit unterstreichst du, reich werden zu wollen, ohne es zu sein. Damit verharrst du im Wollen. Die richtige Beschreibung deines Ziels ist: „Ich bin reich.“

Falls du deinen Wunsch im Prinzip gut formuliert hast und dennoch die falschen Ergebnisse erhältst, sendest du eventuell doppelte Signale aus, wie beispielsweise Glück und Unfrieden, Mut und Angst oder Vertrauen und Zweifel. In diesem Fall bestellst du, um bei dieser Metapher zu bleiben, zwei oder mehrere Dinge gleichzeitig. Da du immer erhältst, was du dir wünschst, ist das Ergebnis nicht eindeutig, sondern gleichzeitig positiv wie negativ. Wünschst du dir beispielsweise ein schönes Auto und befürchtest gleichzeitig, die Menschen könnten dich als einen Snob betrachten, wird genau das eintreten. Du erntest, was du säst.

Ein wichtiges Prinzip im Kreationsprozess ist das „So-tun-als-Ob“. Geh davon aus, dass *alles*, was du dir wünschst oder erträumst, bereits da ist. Verhalte dich, als ob du dein Ziel schon erreicht hättest. Es verhält sich wie in einem Kaufhaus: Du musst deine Bestellung nur einmal aufgeben. Der Rest erledigt sich von selbst.

Trage in Teil 2 dieses Buches in die dritte Liste alle deine Wünsche in der Reihenfolge ihrer Wichtigkeit ein. Die Länge der von dir erstellten Liste ist dabei unerheblich. *Allerdings solltest du deine Ziele so formulieren, als hättest du sie bereits verwirklicht!* Verwende dabei starke, positive, affirmative Ausdrücke, das heißt eine Formulierung, die eine Verwirklichung deines Ziels unterstützt. Falls du ein Spitzensportler bist, der die Weltmeisterschaft gewinnen will, dann sage nicht: „Irgendwann werde ich Weltmeister sein." Denn „irgendwann" ist nicht „jetzt" und liegt immer in der Zukunft. Die Zeitbestimmung „irgendwann" ist nicht konkret genug, und wenn du diese Formulierung wählst, wird dein Unterbewusstsein das ungefähr so interpretieren: „Irgendwann werde ich Weltmeister sein, aber nicht jetzt, denn irgendwann ist eigentlich NIE." Eine konkretere Beschreibung deines Ziels wäre: „Innerhalb eines Jahres werde ich Weltmeister!" oder „In einem Jahr bin ich Weltmeister!"

Bei der Formulierung deiner Ziele sind drei Dinge zu beachten:

1. **Das Gehirn kann mit „nicht" nichts anfangen!**
   Versuche einmal, NICHT an einen grünen Frosch zu denken. Das erste, was du dann vor dir siehst – du hast es bereits geahnt – ist ein grüner Frosch! Je stärker du versuchst, den grünen Frosch aus deinen Gedanken zu verbannen, desto deutlicher nimmt er Gestalt an. „Nicht" entspricht auf unbewusster Ebene dem „Doch". Negierende Begriffe wie „nicht", „kein", „nirgends" oder „niemals" sind auf der Ebene des Unterbewusstseins gleichgestellt mit „doch", „ein", „überall" oder „immer". Das gilt ebenfalls für alle anderen negierenden oder ausschließenden Begriffe wie beispielsweise „niemand", „nichts", „nur", „kaum", „trotzdem", „alsbald", „fast", „meistens", „häufig", „beinahe" oder „ungefähr".

   Die wohlmeinende Warnung an eine vierjährige Tochter „Pass auf, sonst fällst du die Treppe hinunter!" hat eine umkehrende Wirkung. Die Gefahr, dass sie tatsächlich die Treppe hinunterfällt, wird durch sie nur größer. „Gehst du die Treppe bitte langsam hinunter, Schatz?“, hätte eine weitaus bessere Wirkung. Wenn du den Gedanken aussendest, keinen Streit mehr in deiner Beziehung haben zu wollen, ist das Ergebnis immer MEHR Streit! Dein Unterbewusstsein „sieht“ oder „erfasst“ das Wort „kein“ nämlich nicht. Dein Unterbewusstsein „liest“ nur das Wort „Streit“. Je öfter du also in deinen Gedanken wiederholst, dass du keinen Streit mehr willst, desto mehr Streit ziehst du in Wirklichkeit an. Obwohl du auf bewusster Ebene überzeugt bist, keinen Streit mehr zu wollen, bedeutet das auf der unterbewussten Ebene, dass du eigentlich immer mehr Streit willst. Da du nicht erkennst, womit du dich beschäftigst, gelangst du in eine Abwärtsspirale. Dein Kreationsprozess liegt also in deiner Hand!

2. **Formuliere deine Ziele spezifisch und eindeutig.**
   Formuliere präzise, das heißt so einfach und konkret wie möglich, dein Ziel und die Zeitspanne, innerhalb der es verwirklicht sein wird. Du kannst dein Ziel niemals zu deutlich formulieren, sondern nur zu ungenau. Die folgenden Begriffe sollten in der Beschreibung deines Ziels daher NICHT vorkommen: „nicht“, „niemals“, „kein“, „irgendwann“, „einst“, „eines Tages“, „in Kürze“, „bald“, „später“, „trotz“, „möglicherweise“, „eventuell“, „vielleicht“, „vernünftigerweise“, „ungefähr“, „alsbald“, „beinahe“, „größtenteils“, „wahrscheinlich“, „so gut wie sicher“, „bisweilen“, „meistens“, „häufig“, „ab und zu“, „einigermaßen“, „ziemlich“, „relativ“, „verhältnismäßig“, „fast“ und so weiter. Sage also nicht: „Bald werde ich reich“, sondern „Ich bin ein reicher Mensch.“ oder „Es gibt Reichtum in meinem Leben.“ Frage dich selbst: Ist „bald“ nicht viel zu vage? Aus der Sicht deines Unterbewusstseins kann „bald“ nicht statt-

finden, da es niemals JETZT geschieht. „Bald“ liegt immer in der Zukunft, und die Zukunft ist natürlich *niemals*.

3. **Markiere dein Ziel mit einem möglichst positiven Stichwort.**
   Also nicht: „In einem Jahr werde ich ziemlich zufrieden sein“, sondern „Im Verlauf eines Jahres bin ich intensiv glücklich.“ – „In zwei Monaten habe ich den idealen Arbeitsplatz“ klingt besser und stärker als „In zwei Monaten finde ich vielleicht eine Arbeit.“ Nochmals: Dein Unterbewusstsein kann nicht nachdenken. Dein Unterbewusstsein „denkt“ in Bildern und Symbolen.

9. Erkenne, wer du sein willst

Sowohl die Filme als auch die Bücher *The Secret – Das Geheimnis* und *What the Bleep do we (k)now – Ich weiß, dass ich nichts weiß* haben weltweit Millionen Menschen für das Thema der Selbstkreation interessiert. Dieser Umstand ist von unschätzbarer Bedeutung. Schade ist nur, dass nicht jeder das Prinzip des Kreierens begreift. Es bestehen viele Missverständnisse rund um den Kreationsprozess. Ein Jahr, bevor mich eine meiner Klientinnen für eine Intake-Sitzung aufsuchte, hatte sie sich nach der Lektüre von *The Secret – Das Geheimnis* ihren Traumprinzen auf einem weißen Pferd visualisiert, den sie innerhalb von sechs Monaten treffen wollte. Sie plakatierte ihr gesamtes Schlafzimmer mit Bildern von schönen Männern und visualisierte dort täglich. Als ihr Traumprinz nach einem Jahr des intensiven Kreierens nicht erschien, gab sie auf. Ihr Vertrauen in *The Secret – Das Geheimnis* wurde dadurch schwer erschüttert.

Manchmal suchen Menschen, wenn ihre Träume nicht wahr werden, die Schuld bei sich selbst. Da das Kreieren jedoch von universellen Prinzipien ausgeht, kann von Schuld keine Rede sein. Die umfassende Energie, mit der wir kreieren, ist neutral und nicht interessiert an gut oder böse, besser oder schlechter, positiv oder negativ, Unschuld oder Schuld. Mit anderen Worten: Auf dem Gebiet des Kreierens sind noch viele Missverständnisse und Unklarheiten aus dem Weg zu räumen. Sollte dieses Buch bei sehr vielen Lesern zu einem besseren Verständnis des Kreationsprozesses beitragen, hat es seinen Zweck erfüllt.

In den klassischen Kreationsmethoden ist es üblich, eine Liste von Dingen zu erstellen, mit denen man glücklich ist oder die man besitzen möchte, wie ein Auto, ein Haus, einen Swimmingpool, Weisheit, Ruhe, eine Beziehung oder ein gutes Einkommen. Vergiss jedoch nicht, dass das SEIN vor dem HABEN kommt. Erst kommt das SEIN, dann das HANDELN und erst dann das HABEN.

Einige Menschen, die den gesamten Kreationsprozess noch nicht überblicken können, glauben, Geld mache glücklich. Der Nachdruck liegt bei den meisten auf dem HABEN, auf materiellem Reichtum, Luxus und Überfluss: teure Autos, prächtige Villen und finanzieller Reichtum. Sie haben schnell den Eindruck, Glück sei die Folge von Besitz, die Folge dessen, was man (im materiellen Sinne) HAT. *In Wirklichkeit verhält es sich genau umgekehrt.* Was du besitzt, ist die Folge deines Bewusstseins, das heißt dessen, was du BIST und wie du handelst.

Es geht primär um das SEIN, wer du als Mensch bist und wie du dich verhältst. Das HABEN kommt später.

Damit du bekommen kannst, was du wirklich willst, muss du zuerst in deinem Inneren in Kontakt mit dir selbst treten. Du kannst also nicht (irgendwann in der Zukunft) glücklich werden, du kannst aber glücklich SEIN! Wenn du viel Geld haben willst, dann kreiere zuerst ein Bewusstsein von Reichtum. Wenn du eine ausgeglichene Ehe führen willst, kreiere zuerst Ausgeglichenheit *in dir selbst*. Willst du ein Direktor werden, kreiere zuerst die *Ausstrahlung* eines Direktors. Willst du gesund werden, kreiere zuerst die *Bedingungen* für eine Gesundung. Willst du bekannt oder berühmt werden, kreiere zuerst die *Ausstrahlung* einer bekannten oder berühmten Person. Willst du von anderen respektiert werden, respektiere zuerst dich selbst. Diese Beispiele lassen sich beliebig fortführen. Erst wenn du die richtige Ausstrahlung besitzt, das heißt das zu deinem Ziel gehörige *Bewusstsein*, folgt als nächster Schritt das entsprechende Handeln. Das bedeutet, du wartest nicht passiv ab, sondern unternimmst buchstäblich alles, was zur Erfüllung deines Wunsches notwendig ist.

Ein HABEN, das sich von *selbst* bei dir einstellt, ist eher die Ausnahme von der Regel! Verschiedene Befragungen von Menschen, die den Hauptpreis im Lotto gewonnen haben, bestätigen immer wieder dieselbe Tatsache. Mehr als drei Viertel der Menschen, die durch Zufall zu Millionären wurden, hatten nach zwei Jahren das gesamte Geld ausgegeben. Einige gerieten durch einen falschen Umgang mit ihrem Geld sogar an den Rand des Ruins. Nur einige von diesen wussten den Geldgewinn durch umsichtige Sparsamkeit und Investitionen zu vermehren. Der Großteil der Lottogewinner besaß leider nicht das Bewusstsein, das für einen solchen Reichtum notwendig ist. Ohne dieses Bewusstsein fehlt der Nährboden für die Wahrung und Vermehrung dessen, was dir das Schicksal in den Schoß legt.

Kreieren ist durchgehend eine Frage des Handelns, des Anpackens.

Kreieren ist ein aktiver Prozess, und was du erhältst, ist in den meisten Fällen das Ergebnis deiner eigenen Handlungen. Nimm daher deine Hände aus den Hosentaschen. Sitze nicht untätig herum und warte, bis dir das Universum deine Bestellung buchstäblich bis an deine Tür liefert, denn so funktioniert es meistens nicht. Die natürliche Reihenfolge der Kreationsprozesses ist: SEIN – HANDELN – HABEN.

In vollkommener Übereinstimmung mit diesem Prozessablauf fassen die von mir entwickelten sieben Differenzierungslisten alle Aspekte deines Bewusstseins zusammen.

Dein SEIN (dein Bewusstsein) ist mit deinen Qualitäten (deinen Eigenschaften und Begabungen) das „Material“, mit dem du kreierst. Dieses bestimmt sowohl dein Kreationsvermögen als auch deine Kreation. Materielle Dinge wie Autos, Häuser, Kleidung, Schmuck und Geld fließen aus dem SEIN hervor. Sie kommen später, und du erhältst sie erst, wenn du dafür bereit bist; wenn dein Bewusstsein auf die richtige Frequenz eingestellt ist. Bis dahin geschieht wenig oder NICHTS.

Überprüfe daher, ob deine Welt, das heißt die Welt, in der du die Hauptrolle spielst, mit deinen innersten Wünschen und Verlangen im Einklang ist. Ist das nicht der Fall, hast du – durch deine Persönlichkeitsstruktur und dein Egomuster – bewusst oder unbewusst eine Realität erschaffen, die du nicht wünschst. Dann besteht ein Widerspruch zwischen dem, wer du bist und wer du *eigentlich* sein willst, oder was du besitzt und *eigentlich* besitzen willst. Mit der 3G-Methode wirst du diesen Widerspruch eigenständig erkennen und auflösen!

10. Reise nie ohne Navigationssystem

Sobald du dein Ziel kennst, ist der nächste Schritt die Erstellung eines zielgerichteten, dreigliedrigen Routenplans (siehe Abbildung 2).

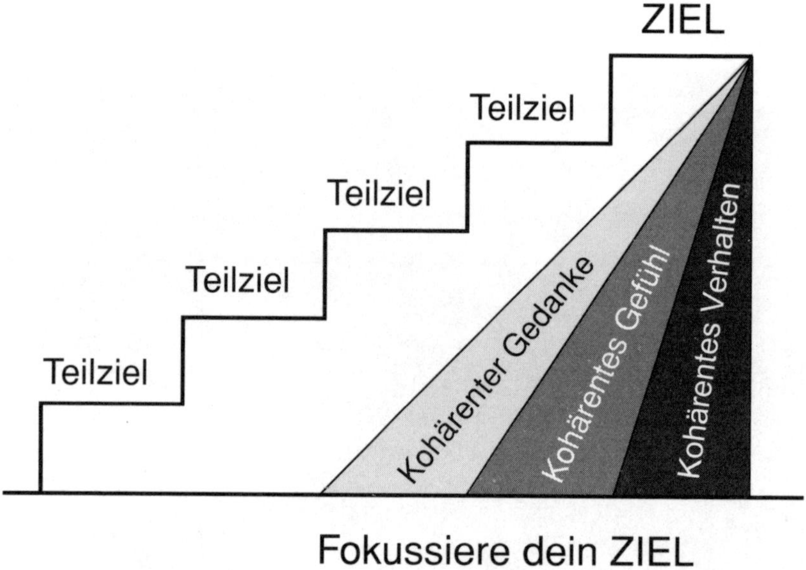

Abbildung 2

Die Abbildung 2 zeigt, dass kohärente Gedanken, Gefühle und Verhaltensweisen deinen Routenplan stabilisieren und unterstützen. Die drei G-Faktoren vereinen sich ebenfalls in deinem Ziel. Sie bündeln ihre Kräfte in Richtung deines Ziels und beschleunigen, vereinfachen und vervollständigen deinen Kreationsprozess! Diese Gedanken, Gefühle und dieses Verhalten sind einerseits aufeinander abgestimmt und andererseits zielgerichtet. *Diese Abstimmung ist eine Vorbedingung zur Op-*

timierung deines Kreationsprozesses. Du wirst feststellen, dass du durch diese Abstimmung wie in eine Stromschnelle eintauchst. Du triffst zum richtigen Zeitpunkt die richtigen Menschen, und es geschieht genau das, was für dich notwendig ist.

Dein persönlicher Kreationsprozess gleicht einer Reise. Auf dem Weg zu deinem Ziel ist es praktisch zu wissen, wohin deine Reise gehen soll. Reisen ins Blaue haben manchmal ihren eigenen Charme, führen aber noch häufiger zu Problemen. Nach der Festlegung deines Ziels (die wir als ersten Schritt ausführlich in der A-Phase in Teil 2 vornehmen werden) ist der nächste Schritt die Planung deiner Reise (die B-Phase in Teil 2). Wie wirst du dein Ziel erreichen? Wie legst du die Teilziele fest? Mit anderen Worten: Welche Teilziele und Zwischenschritte benötigst du für das Erreichen deines Ziels?

Zur Beantwortung dieser Fragen musst du zuerst deine Persönlichkeitsstruktur genauer unter die Lupe nehmen. Die folgenden drei Persönlichkeitsstrukturen haben charakteristische Eigenschaften bei der Festlegung ihres Routenplans:

– **Der Denker** denkt in aufeinanderfolgenden Schritten von Ursache und Wirkung. Er vertraut auf seinen „gesunden Menschenverstand“ und erst dann auf sein Gefühl. Er erstellt gerne ein Schema, eine Art innerliche Landkarte aller seiner Teilziele, die ihn beim Erreichen seines Ziels unterstützen. Verlässlichkeit, Struktur und Überblick bilden seine Kraft.

– **Der Fühler** legt seinen Routenplan „aus dem Bauch heraus“ fest. Er findet auf intuitive, manchmal scheinbar unlogische Weise die nützlichen Teilziele, mit denen er das gesetzte Ziel erreicht. Er setzt in seinem Kreationsprozess sein Gefühl als eine Art inneren Kompass ein.

– **Der Macher** tritt am liebsten erst in Aktion, wenn etwas getan werden muss. Der Routenplan ist für ihn ein Prozess von „Trial and Error“, von Fallen und Aufstehen. Er entwickelt seine Kraft, indem er buchstäblich „die Ärmel hochkrempelt“ und durch Übung zum Meister wird.

Überprüfe selbst, welche dieser drei Verhaltensweisen deinem Wesen am meisten entspricht. Lege sie deinem Routenplan als Richtschnur zugrunde. Anschließend kannst du Rat bei anderen Menschen einholen. Lass diese mitdenken. Eventuell können sie Ideen zur Festlegung und Ausarbeitung deines Routenplans beitragen. In einer offenen, konstruktiven Kommunikation wird deren Beitrag frei herausfließen.

Dein Routenplan ist vergleichbar mit einem Navigationssystem, das dich auf der Reise an dein Ziel führt. In diesem Vergleichsbild sind dein persönlicher Kreationsprozess die Route und das Ziel deine Endbestimmung.

Die Verwirklichung deines Traums ist eine Reise durch die Welt der unbegrenzten Möglichkeiten. Wenn du eins mit deinem Ziel bist, weißt du, dass du es auch erreichen wirst. **Du weißt nur noch nicht genau, auf welche Weise.** Diese Situation ist vergleichbar mit einer Reise durch ein fremdes Land, dessen Orte und Straßen dir unbekannt sind. Wohin du willst, weißt du. Was du aber nicht weißt, ist, welche Direktroute(n) du nehmen kannst. Du begegnest kaum Einwohnern, und deren Sprache verstehst du auch nicht. Daher bist du auf eine Landkarte oder ein Navigationssystem angewiesen. Bist du dazu zu eigensinnig und denkst, du wüsstest es besser, besteht die Möglichkeit, dass du dich verirrst oder in einer Sackgasse endest. Die Planung der richtigen Route ist daher unverzichtbar und manchmal sogar lebensnotwendig!

Überdenke geeignete Teilziele, die dich deinem Ziel näher bringen. Lege immer einfach erreichbare, kleine Zwischenziele fest. Es ist ein gutes Gefühl, Dinge zu tun, die mühelos gelingen. Damit regst du dich selbst zur Festlegung neuer Teilziele an. Da du auf diese Weise einen schnellen Fortschritt erzielst, gestaltest du den Kreationsprozess für dich angenehmer und attraktiver. Das Kreieren geschieht dadurch mühelos. Es wird zu einem Fest!

Nicht alles läuft immer nach Plan. Du hast häufig erlebt, dass du trotz einer sorgfältig geplanten Reise (beispielsweise aufgrund von Straßenarbeiten oder eines Verkehrsstaus) plötzlich eine andere Route nehmen musst. Ein anderes Mal entdeckst du vielleicht eine bessere oder schnellere Wegstrecke zu deinem Ziel. Sei daher flexibel und immer offen für Änderungen. Der Routenplan ist deine grundsätzliche Wegbeschreibung. Weiche von dieser nicht grundlos ab. Nur wenn sich eine neue, bessere Route anbietet, kannst du dieser ruhig folgen!

Das Festlegen einer **Zeitfrist** für jedes Teilziel hat nicht nur einen praktischen Aspekt, sondern steigert auch deine Motivation, deine Ziele wirklich zu erreichen. Ich persönlich setze mir lieber kurz- statt langfristiger Zeitrahmen. Dadurch hole ich das Beste aus mir heraus und liege gut in der Zeit, falls einmal etwas schiefgeht.

Du willst dir beispielsweise ein Segelboot kaufen und damit über die Nordsee fahren? Ein unverzichtbares Teilziel ist in diesem Fall, Geld für die Finanzierung deines zukünftigen Traumboots zu verdienen. Dein erstes Teilziel kann also das Finden eines geeigneten Jobs sein. Du hast dir dazu, sagen wir einmal, eine Frist von zwei Monaten gesetzt. Ist es dir tatsächlich gelungen, innerhalb dieser zwei Monate eine Arbeit zu finden, mit der du genug verdienst? Dann wird dein zweites

Teilziel vielleicht die monatliche Überweisung eines Teils deines Monatslohns auf ein separates Sparkonto sein. Stelle dir selbst die Frage, innerhalb welchen Zeitraums du tatsächlich über das Geld für dein Traumboot verfügen willst. Innerhalb eines Jahres, innerhalb von fünf Jahren oder innerhalb von zehn Jahren? Prüfe zuerst, welche Summe du monatlich, ohne in Schwierigkeiten zu geraten, entbehren kannst. Erst danach, und nicht früher, kannst du präzise die Anzahl der Monate berechnen, die du für den Kauf deines Bootes sparen musst. Weiche von diesem Plan niemals ab, und lege den vorgesehenen Betrag auch tatsächlich jeden Monat beiseite, am besten durch eine Überweisung per Dauerauftrag. Hebe das Geld erst dann ab, wenn du es für den Kauf des Bootes benötigst, und nicht früher.

In dieser Weise arbeitest du alle deine Teilziele nacheinander ab und näherst dich deinem Ziel. Mit jeder von dir eingehaltenen Frist kommst du deinem Endziel einen Schritt näher. Kurz zusammengefasst habe ich daher drei Fragen an dich:

- Was ist dein Ziel?
- Wie gedenkst du dieses Ziel zu verwirklichen? Welcher ist der erste Schritt, das heißt, welche Faktoren sind dazu erforderlich? Einige Faktoren wie die Weltwirtschaftslage oder das Klima liegen außerhalb deines Einflusses. Die Faktoren aber, die du selbst beeinflussen kannst, werden zu deinen Teilzielen.
- Innerhalb welchen Zeitraums hast du dein Ziel verwirklicht?

Einen Routenplan kannst du allgemein auf zwei Arten erstellen:

a) Indem du vom Endziel ausgehend deine aktuelle Situation betrachtest.

b) Indem du von deiner aktuellen Situation ausgehend dein Endziel betrachtest.

Die erste Methode basiert auf einem Prinzip, das in der Management-Terminologie als „Top-Down“-Denken bezeichnet wird. Die zweite wird „Bottom-Up“-Denken genannt.

Der Vorteil des „Top-Down“-Denkens ist, dass du die Lage wie aus einem fliegenden Helikopter heraus in einer Gesamtübersicht betrachtest und dadurch breiter angelegte Projekte festlegen kannst. Der Vorteil des „Bottom-Up“-Denkens ist, dass es dich in die Lage versetzt, alle relevanten Daten in eine Reihenfolge zu stellen und, sofern erforderlich, im Detail auszuarbeiten. Für die Umsetzung eines Routenplans ist immer ein Zusammenspiel des „Top-Down“- und „Bottom-Up“-Denkens erforderlich. Wie gehst du vor, wenn du beispielsweise ein eigenes Unternehmen in deinem Fachbereich gründen willst? Du beginnst mit der Ausarbeitung eines Unternehmensplans. Dabei kannst dich von der Handelskammer beraten lassen. Der Unternehmensplan dient dazu, die Durchführbarkeit und Möglichkeiten deines zukünftigen Unternehmens darzustellen. Ist dein Unternehmensplan überlebensfähig, erstellst du einen Zeitplan. Der erste Schritt kann sein, geeignete Geschäftsräume zu suchen oder zu errichten.

Wenn du über diese Faktoren nachdenkst, gelangst du eventuell zu der Schlussfolgerung, dass dein aktuelles Budget etwas knapp bemessen ist. In diesem Fall hast du im Prinzip zwei Optionen: Entweder suchst du nach einem kostengünstigeren Geschäftssitz, oder du musst dir einen größeren finanziellen Spielraum verschaffen.

Du entscheidest dich für die erste Option? Dann ist die Konsequenz beispielsweise auch eine kostengünstigere Einrichtung. Du entscheidest dich für die zweite Option? Dann musst du dir aktiv eine zusätzliche Geldquelle erschließen. Das Beschaffen zusätzlicher Gelder durch einen Nebenjob erhält dann eventuell Priorität. Dieser Schritt wird dann zu einem Teilziel, der dem Teilziel des Findens von Geschäftsräumen vorausgeht. Für die Suche nach einer Nebenbeschäftigung musst du dich vielleicht bei einer Zeitarbeitsagentur einschreiben. Damit wird diese Einschreibung wiederum zu einem Teilziel, das dem Teilziel des Beschaffens von zusätzlichen Geldmitteln vorangestellt ist. In dieser Weise planst du so lange weiter, bis dein Zeitplan fertig ist!

In diesem Beispiel ging es bisher vorwiegend um eine Rückwärtsplanung („Top-Down"). In anderen Fällen musst du gleichzeitig, ausgehend von der Grundlage deines Zeitplans, auch nach vorne planen („Bottom-Up"). Sobald du, um bei unserem Beispiel zu bleiben, eine Geschäftsadresse zur Ausübung deiner Geschäftstätigkeit hast, ergeben sich neue Optionen, wie beispielsweise die Ausarbeitung einer geeigneten Marketing-Strategie. Den Druck von Visitenkarten in Auftrag geben kann hierbei der erste Schritt sein. Der Text deiner Visitenkarten muss eindeutig erkennen lassen, was du zu bieten hast. Ihre Gestaltung, darunter eventuell mit einem eindrucksvollen Logo, muss präzise auf deine zukünftigen Tätigkeiten abgestimmt sein.

Nach der Realisierung dieses Teilziels kannst du beispielsweise einen Web-Designer mit der Gestaltung einer eigenen Seite im Internet beauftragen. Dieses Projekt wird dann zum nächsten Teilziel. Die nächsten Teilziele können dann die Erweiterung der Website sein, gefolgt von einer Veranstaltung zur Kundengewinnung wie einem „Tag der offenen Tür" oder dergleichen.

Manchmal ergeben sich spontan neue Teilziele. Diese fallen dir einfach so in den Schoß, obwohl du scheinbar nichts dazu beigetragen hast. Eine schöne Begebenheit aus meinem eigenen Leben kann für diesen Fall als Beispiel dienen. Im Dezember 2007 war ich an einem Sonntagmittag ungefähr um drei Uhr zu Besuch bei zwei befreundeten Psychologen aus Zuidwolde, mit denen ich eine Intervisionsgruppe bilde. Ich war neugierig auf ihre Ratschläge zu meinem neuen Buch. Kurz vor meiner Ankunft bei ihnen hatten diese die Frage erörtert, ob es nicht klug wäre, wenn ich einen Film über meine Arbeit und mein Buch machen würde. Ich hielt das für eine vorzügliche Idee, merkte aber an, dass ich dazu weder das Geld hätte noch die entsprechenden Leute kannte. Die Idee wurde also wieder verworfen. Am folgenden Morgen rief mich gegen halb zehn ein Klient aus Den Haag an, der einige Wochen zuvor nicht zu einer vereinbarten Sitzung erschienen war. Ich sagte ihm, dass ich ihm normalerweise trotzdem eine Rechnung geschickt, aber in seinem Fall das Gefühl gehabt hätte, damit noch warten zu müssen. Seine Reaktion war bemerkenswert: „Es gibt auch andere Arten des Bezahlens!“ An diesem Punkt des Gesprächs begann ich mich zu fragen, worauf er hinauswollte. „Ich produziere professionelle Videoclips für Unternehmen. Wir können auch einen *Film* über dein Buch und deine Praxis machen“, sagte er lakonisch. Mir blieb vor Erstaunen der Mund offen stehen. „Ich bin baff!“, antwortete ich entgeistert. „Gestern Mittag so gegen drei Uhr habe ich noch mit Freunden über die Produktion eines Films gesprochen. Und nun das!“ Mein Klient fand das alles nicht so ungewöhnlich. Wir vereinbarten, dass er als Gegenleistung für die ausgefallene Sitzung für einen Tag mich und meine Arbeit filmen würde.

11. Mach deine Träume wahr

Das Wahrmachen deiner Träume geschieht manchmal ganz von selbst. Einige Beispiele dazu findest du in diesem Buch. Häufiger aber ist das Kreieren ein *aktiver Prozess*. Es fällt dir nicht so einfach in den Schoß. Du musst etwas dafür tun. Und genau hier liegen die Probleme. Denn wo verläuft die Grenze, das heißt: Wie viel musst du tun, und was bedeutet „optimieren“? Wir sind in einer Gesellschaft aufgewachsen, in der „Gewinnen“ mit „Leiden“ assoziiert wird. Viele Sportler glauben weiterhin an das Prinzip der harten Arbeit. „No pain, no gain“ lautet ihre Devise. Die Praxis sieht allerdings meistens anders aus.

Das Coachen von Spitzensportlern hat mich gelehrt, dass eine kohärente Begleitung zu merklich besseren Leistungen führt. Hiermit meine ich eine maßgeschneiderte Begleitung, in deren Mittelpunkt ein liebevoller, aufmerksamer Trainer steht. Mit der 3G-Methode kann beispielsweise zwischen Denkern, Fühlern und Machern unterschieden werden, die einen jeweils anderen Ansatz benötigen. Leider gibt es immer noch Trainer, die das nicht erkennen und verstehen. Diese Art von „Trainer“ kann insbesondere jungen, angehenden oder sensiblen Sportlern viel verderben. Im Lehrbetrieb sieht es kaum anders aus. Hier wird durch mangelnde Sensibilität viel aufstrebendes Talent zerstört. Es ist höchste Zeit für einen effektiveren Ansatz, durch den sowohl der Trainer oder Lehrer als auch der Klient, Lehrling, Schüler oder Sportler besser zur Geltung kommt!

In der dritten Phase, der C-Phase in Teil 2, wirst du *kohärent*, also mit den drei G-Faktoren, *kreieren*. Die stärkste Form des Kreierens ist erst möglich, wenn deine Gedanken, deine Gefühle und dein Verhalten kohärent sind. Dazu ist die richtige Abstimmung unverzichtbar! Je besser du auf dein Ziel abgestimmt bist, desto schneller und einfacher wirst du es verwirklichen. Nimm dir als Beispiel das Stimmen eines Musikinstruments. Mit einem verstimmten Instrument zauberst du keinen sauberen Klang hervor. In gleicher Weise werden die Ergebnisse deiner Kreationsprozesse von der innerlichen und äußerlichen Abstimmung auf deine Ziele bestimmt. Du kannst Tag und Nacht an der Verwirklichung deines Traums arbeiten, ohne die richtige Abstimmung wird diese aber niemals gelingen! Damit du vom Universum das erhalten kannst, was du „bestellt“ hast, ist eine Abstimmung auf die richtige Frequenz erforderlich.

Wann immer wir einen Wunsch haben, müssen wir uns auf die Bewusstseinsfrequenz abstimmen, die mit diesem Wunsch übereinstimmt. Diese Abstimmung ist vergleichbar mit der Suche nach einem Radiosender. Sobald du die richtige Frequenz gefunden hast, hörst du wieder die Klänge deines Lieblingsprogramms. Bei einer unpräzisen Abstimmung hörst du entweder nichts oder unverständliche Geräusche. Der Kreationsprozess beruht auf demselben Prinzip.

Du kannst deine Ziele auf verschiedene Arten verwirklichen, beispielsweise durch deine Willenskraft, durch Manipulation oder Unterwürfigkeit, durch Dominanz oder Unehrlichkeit. In diesen Fällen kreierst du mit der Kraft deines Egos und NICHT mit deinem *universellen* Kreationsvermögen. Obwohl du deine Ziele auf diese Weise verwirklichen kannst, ist diese Verwirklichung unvollkommen, und wenn du sie dann erreichst, geht das auf Kosten der Harmonie. Das Gleichgewicht zwischen deinen eigenen Interessen und dem Zusatzwert des Gesamtergebnisses wird hierdurch gestört. Du wirst beispielsweise reich und unglücklich, erfolgreich und depressiv oder berühmt und berüchtigt. Solange dein Ego die Reise deines Lebens bestimmt, sind innere Ruhe, Gelassenheit und Ausgeglichenheit ausgeschlossen.

Wie kannst du erkennen, ob dein Ego oder eine „höhere Instanz“ wie Energie, Gott, das Universum, die Quelle oder wie immer du es nennen willst, das Steuer in der Hand hält? Mit deinem Verstand wirst du es nicht oder kaum erkennen. Aber mit deinem Herzen. *Höre auf dein wahres Gefühl.*

Prüfe dabei, ob dein Gefühl rein ist. Handelst du aus Eigeninteresse und nur für persönliche Verbesserungen? Oder hast du die aufrechte Absicht, auch deinen Mitmenschen zu dienen? Da wir alle aus universeller Energie bestehen und zutiefst eins sind (siehe auch im Anhang), machst du dich selbst glücklich, indem du andere glücklich machst. Dein Leben dreht sich nicht nur um dich. Durch das Ganze, von dem du ein dienstbarer Teil bist, ist das Ganze dir zu Diensten. Du erhältst Unterstützung von unerwarteter Seite, und das gesamte Universum unterstützt dich in der Verwirklichung deines Traums. Da du die Prinzipien des Kreierens verstehst und auf die richtige Art anwendest, bist du in allen deinen Unternehmungen erfolgreich.

Neben deiner Abstimmung auf dein Ziel musst du auch hart an diesem arbeiten. Das bedeutet sich durchsetzen, fallen und wieder aufstehen. Vertraue auf dich selbst und gib nicht auf. Verfolge die Umsetzung deiner Pläne auch bei Schwierigkeiten aus vollem Herzen weiter. Glücklicherweise können andere Menschen dir helfen, deinen Traum wahr zu machen. Umgib dich daher mit den richtigen Menschen und verabschiede dich von der Illusion, dass du alles selbst tun musst.

Die Konkretisierung eines willkürlichen Ziels geht einher mit positiven und negativen G-Faktoren, das heißt mit konstruktiven und destruktiven, unterstützenden und hemmenden Gedanken, Gefühlen und Verhaltensweisen (s. Abbildung 3).

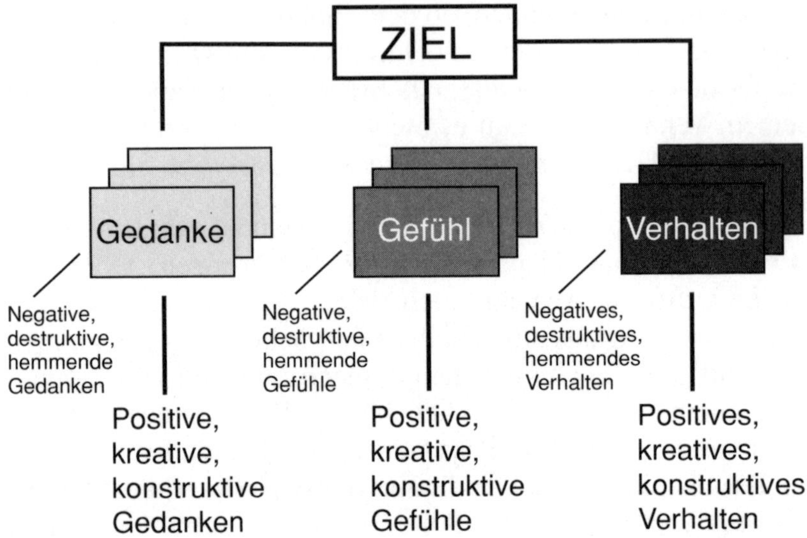

Abbildung 3

Im positiven Fall dominieren die positiven die negativen G-Faktoren. Erfährst du während der Realisierung deines Ziels Gefühle der Ruhe und tiefer Dankbarkeit, Demut, Liebe, Enthusiasmus oder Ergriffenheit? Dann bist du auf einem guten Weg! In diesem Fall sind – in Ermangelung eines besseren Ausdrucks – „höhere Kräfte“ am Werk. Du nutzt die universellen, unzerstörbaren Energien des Universums. Damit realisierst du dein Ziel nicht nur einfacher und mit größerer Freude, sondern dein Blick ist auch auf ein Wachstum von Fortschritt, Wertschätzung und Respekt gerichtet.

Weckt die Verwirklichung deines Ziels dagegen in dir Gefühle von Unfrieden, Frustration, Unzufriedenheit, Zweifel, Verstimmung, Ärger oder Habgier? In diesem Fall manifestieren sich die Widerstände deines Egos. Das bedeutet, dein Ego versucht, das Ziel zu forcieren oder zu erzwingen, und wirkt sich dadurch nachteilig auf dich und deine Umgebung aus. Stelle dir dann selbst die Frage, ob du tatsächlich das richtige Ziel gewählt hast. Vielleicht ist dein Ziel zu hoch gegriffen, und du musst es auf einer niedrigeren Ebene ansiedeln. Eventuell könnte es auch besser sein, sich nachträglich ein anderes Ziel zu setzen. Du bist davon überzeugt, dass dein Ziel trotz der Egowiderstände das beste für dich ist? Dann ist es an der Zeit, deine Einstellung, deine Haltung gegenüber deinem Ziel zu ändern. Manchmal gelingt es dir aus eigener Kraft, manchmal benötigst du dazu eine geeignete Therapie. Im Anhang dieses Buches findest du eine Übersicht von Therapien, die hilfreich für dich sein können.

Jeder Mensch verwirklicht im Leben von Natur aus seine Ziele auf eine persönliche, einzigartige Weise. Für das Kreieren des gewünschten Ziels gibt es drei grundlegende Arten:

1. Abstimmen der *Gedanken* auf das Ziel. Du wiederholst dazu so häufig wie möglich eine entsprechende Affirmation. Willst du beispielsweise befördert werden, kann der folgende Gedanke hilfreich sein: „Ich bin wie geschaffen für diese Position.“ Suchst du eine gute Beziehung, kannst du den folgenden Satz in deinen Gedanken wiederholen: „Ich verdiene eine gute Beziehung.“ Falls dein innigster Wunsch der Gewinn eines Preises oder der Abschluss eines Diploms ist, dann denke intensiv, dass du der Beste bist. Diese Haltung ist, allgemein gesprochen, das Prinzip des „positiven Denkens“.
2. Abstimmen der *Gefühle* auf das Ziel. Diese Methode gelingt meistens einfacher, wenn du das Endergebnis deines Kreationsprozesses bereits im Voraus visualisierst. Damit weckst du Gefühle, die zu dem Ziel passen, das du verwirklichen willst. So sind beispielsweise Gefühle von Glück und Lebensfreude förderlich für eine schnelle und vollstän-

dige Genesung von einer Krankheit oder Beschwerde. Damit du erfolgreich werden kannst, sind Gefühle von Dankbarkeit und Vertrauen äußerst wichtig. Diese Art von Gefühlen zieht den Erfolg eher an als beispielsweise Ehrgefühl oder Stolz.

3. Abstimmen des *Verhaltens* auf das Ziel. Mit dieser Einstellung unternimmst du alles, was zur Verwirklichung deines Ziels erforderlich ist. Wenn du eine gute Mutter sein willst, dann hilfst du deinen Kindern, wenn sie deiner Hilfe bedürfen. Hast du den Wunsch, eine Führungsposition zu übernehmen, muss deine Haltung eine natürliche Autorität ausstrahlen. Du musst dich dann wie eine „Führungspersönlichkeit" verhalten. Für die Gründung eines eigenen Unternehmens ist die Fähigkeit eines eigenständigen Handelns unverzichtbar.

Es geschieht nur selten, dass diese drei Arten des Kreierens gleichermaßen entwickelt sind. Bei jedem Menschen liegt der Schwerpunkt auf einer dieser drei Arten. Diese Ausprägung ergibt sich, wie bereits erwähnt, aus der jeweiligen Persönlichkeitsstruktur. Der eine ist ein Denker, der andere mehr ein Gefühlsmensch, und wieder ein anderer bevorzugt aktives Handeln.

Der Denker kreiert mit seinen Gedanken, der Fühler mit seinen Gefühlen, der Macher durch sein Verhalten.

Durch eine bewusste Beschäftigung mit den drei G-Faktoren entdeckst du eigenständig deine Stärken und Schwächen. Wenn du deinen weniger entwickelten Seiten aus deiner Stärke heraus eine liebevolle Aufmerksamkeit widmest, werden sich diese ganz von selbst in die gewünschte Richtung entwickeln. Somit entsteht eine wachsende Kohärenz, die sich von allein mühelos verstärkt.

Es bestehen unzählige Möglichkeiten, die 3G-Methode beispielsweise auch in Entzugskliniken, Gefängnissen und Jugendeinrichtungen einzuführen. Denn jeder, der diese Methode wirklich versteht, wird nicht länger flüchten, kämpfen, stehlen, lügen und betrügen, nur um – mit viel Leid und Mühe – schließlich nur einen Bruchteil seiner Ziele zu verwirklichen, während sein größtes Potenzial ungenutzt brach liegt.

12. Welche Vorteile bietet die 3G-Methode?

Da unsere bewusste Aufmerksamkeit nur einen kleinen Teil unseres Bewusstseins ausmacht, bleibt sein größter Teil unter der Oberfläche unserer bewussten Wahrnehmung verborgen (siehe Abbildung 4).

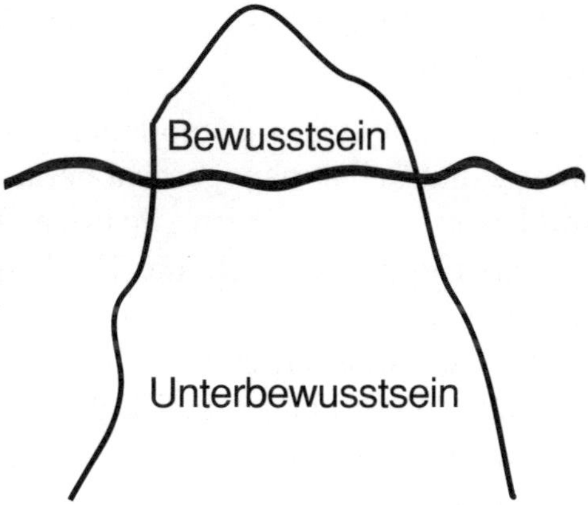

Abbildung 4

Das Unterbewusste ist die treibende Kraft – nennen wir es den „Motor" – von Körper und Geist. Laut Timothy Wilson werden unsere Gedanken, Gefühle und unser Verhalten größtenteils auch dann vom Unterbewusstsein gesteuert, wenn wir glauben, alles unter Kontrolle zu haben! Wilson plädiert in seinem wunderbaren Buch *Gestatten, mein Name ist Ich* für ein besseres Verständnis unserer unbewussten Antriebsfedern. Der Kreationsprozess umfasst daher mehr als das reine „bewusste Kreieren" mit „bewusster Aufmerksamkeit" beziehungsweise mit „bewusstem Willen".

Die 3G-Methode eignet sich besonders dafür, nicht ausschließlich aus dem Bewusstsein heraus zu denken, sondern vor allem auch, aus dem *Unterbewusstsein* heraus kreieren zu können. Denn wenn du kohärent bist, haben die drei G-Faktoren eine sowohl bewusste wie unbewusste Auswirkung auf dich und deine Umwelt. Dann sind gleichzeitig mehrere Ebenen deines Bewusstseins am Kreationsprozess beteiligt. Kohärentes Kreieren geschieht dadurch mühelos. Selbst wenn es mit harter Arbeit und Durchsetzung verbunden ist, bleibt dir immer das Gefühl, dass du getragen wirst. Das Kreieren ist angenehm und gibt Kraft.

In den klassischen Entwicklungsmodellen, die für Selbstkreation, Coaching und Selbstmanagement herangezogen werden, wie beispielsweise beim Prinzip „Positives Denken" und in *The Secret – Das Geheimnis*, steht das Denken meistens im Mittelpunkt. Gedanken bilden den Ausgangspunkt des Kreierens. Gefühle und Verhalten ergeben sich daraus von selbst. Mit anderen Worten: Diese klassischen Entwicklungsmodelle folgen einem *linearen* Ansatz:

Gedanke → Gefühl → Verhalten

Lineares Entwicklungsmodell

Abbildung 5

Diese Modelle gehen davon aus, dass jeder Emotion oder jedem Gefühl ein Gedanke vorausgeht. Gedanken lösen Gefühle (bzw. Emotionen) aus und Gefühle mehr oder weniger spezifische Verhaltensweisen. Auf die Frage, ob es erst die Henne oder das Ei gab (in diesem Fall den Gedanken oder das Gefühl), haben diese Modelle durchgehend eine eindeutige Antwort: die Henne (den Gedanken). Diesen Modellen zufolge löst ein bestimmter Gedanke bestimmte Gefühle aus, die ihrerseits wieder bestimmte Verhaltensweisen auslösen.

Laut Antonio Damasio, Dozent für Neurowissenschaften an der Universität von Südkalifornien, verhält es sich jedoch eher umgekehrt: Gefühle liegen dem Denken zugrunde. Nach Ansicht von Damasio haben Gefühle einen großen Einfluss auf das Bewusstsein, und Körper und Geist bilden eine untrennbare Einheit.

Wilson und Damasio zeigen auf, dass unsere Bewusstseinsfunktionen (darunter Denken, Sinneswahrnehmung und Handeln) vorwiegend unbewusst sind und vom *Gefühl* gesteuert werden, während wir uns selbst einreden, wir hielten mit unserem bewussten Verstand die Fäden in der Hand! Wenn wir bedenken, dass sich das menschliche Gehirn in der Phylogenese, der Evolution der Arten, als Letztes entwickelt hat, sind die Schlussfolgerungen von Wissenschaftlern wie Wilson und Damasio tatsächlich sehr naheliegend. Unterstützt werden diese durch die Ontogenese, die Lehre von der Entwicklung der einzelnen Individuen einer Art, das heißt die Entwicklung von der befruchteten Eizelle zum Embryo und Säugling bis hin zum Erwachsenen. Darin finden wir eine kurze Wiederholung der Evolutionslehre: Aus der unbewussten Fisch- und Reptilienwelt hat sich der Mensch über Säugetiere und Primaten zum *homo sapiens* (dem wissenden Menschen) entwickelt, bei dem der Verstand das frühere intuitive und vom Instinkt gesteuerte tierische Bewusstsein überlagert.

Das Denken bildet daher das Fundament der klassischen Modelle. Gefühle und Verhalten sind scheinbare Folgen unserer Gedanken. Die Praxis des täglichen Lebens scheint das zu bestätigen. Ein Beispiel: Sobald du an etwas Schönes denkst, fühlst du dich schnell aufgeweckter, positiver und veränderst dein Verhalten. Deine Energie für das tatkräftige Umsetzen deines inneren Willens steigt. Hast du dagegen mutlose, deprimierende Gedanken, wirst du dich schon nach kurzer Zeit entsprechend fühlen: depressiv, lustlos und schwerfällig. Dein Verhalten wird passiver, deine Leistungsfähigkeit sinkt und deine Abwehrkräfte gegen Krankheiten werden geschwächt.

Insbesondere die Neurobiologie, Neuropsychologie und Psychoneuroimmunologie haben unzählige Beweise erbracht, dass negative Gedanken die Anfälligkeit für Stress und Krankheit erhöhen. Daraus ergibt sich die Frage, ob und in welchem Umfang das Immunsystem durch negative Gedanken oder die mit diesen verbundenen negativen Emotionen wie Enttäuschung, Angst, Zorn und Kummer beeinträchtigt wird. Eine eingehendere wissenschaftliche Untersuchung wird dieses noch nachweisen müssen. Eines ist jedoch sicher: Unsere Gedanken sind von wesentlicher Bedeutung. Nicht umsonst wird das Prinzip „Positives Denken" bereits seit den 60er Jahren des vorigen Jahrhunderts intensiv und weltweit praktiziert. Positives Denken bietet tatsächlich enorme Möglichkeiten.

Sei dabei jedoch ehrlich und erkenne, dass die Welt (von der du selbst ebenfalls ein Teil bist!) nicht nur positiv ist. Die Welt – und der Rest des Universums – ist positiv und negativ, hell und dunkel, leidfrei und leidvoll, einfach und beschwerlich.

Wenn du ausschließlich positiv denkst, läufst du Gefahr, deine Schattenseiten zu verdrängen. Du entwickelst dich am besten, indem du Fehler, Rückschläge, Misslingen, Unfrieden, höhere Gewalt und Widerstände vollständig als zum Leben gehörig akzeptierst. Du entwickelst dich NICHT, indem du den Kopf in den Sand steckst.

Du lernst aus deinen Fehlern und Problemen in einem Prozess des Fallens und Wiederaufstehens. Diesen Lernprozess kannst du durch die Anwendung der 3G-Methode, mit der du deine Schattenseiten und blinden Flecken erkennen und ablegen kannst, vereinfachen und beschleunigen. Du erzielst damit einen enormen Gewinn: Du erreichst mehr durch weniger Anstrengung!

Die 3G-Methode ist ein *kreisförmiges* Entwicklungsmodell:

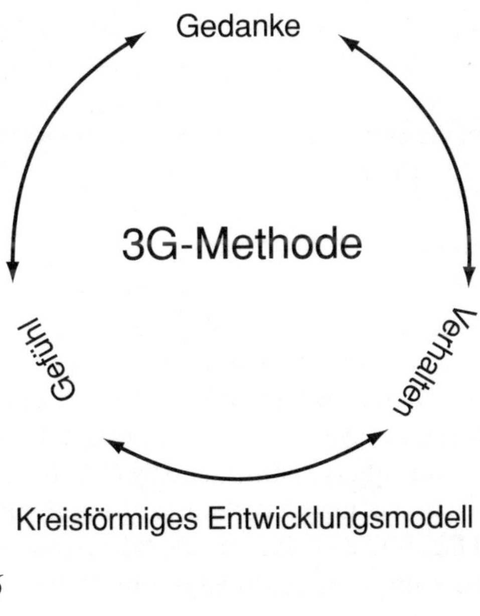

Abbildung 6

In jeder Phase des Manifestierens deiner Wünsche funktioniert die 3G-Methode gleichzeitig auf drei Ebenen (G1, G2 und G3) als ein in sich geschlossenes Ganzes. Deine Gedanken, deine Gefühle und dein Verhalten werden gleichzeitig aufeinander und auf dein Ziel abgestimmt. Durch ihre fortwährende Bündelung verstärken sie sich gegenseitig bis zum Entstehen einer dreigliedrigen, optimalen Kreationskraft!

Die Abbildung 6 zeigt, dass in unserem Bewusstsein (auf bewusster wie unbewusster Ebene) eine ständige Interaktion unserer Gedanken, Gefühle und unseres Verhaltens stattfindet. Gefühle können Gedanken auslösen und umgekehrt. Gedanken können ein Verhalten auslösen und umgekehrt. Verhaltensweisen können Gefühle auslösen und umgekehrt. Bist du in einer negativen Spirale gefangen, dann werden deine Gefühle, Gedanken und dein Verhalten in den meisten Fällen ihre jeweiligen negativen Auswirkungen verstärken. Durch die gegenseitige Wechselwirkung der drei G-Faktoren lässt sich eine solche Abwärtsspirale häufig nur schwer durchbrechen. Umgekehrt werden sich positive Gefühle, Gedanken und Verhaltensweisen (sofern sie in dieselbe Richtung gehen) gegenseitig verstärken.

Aus der Abbildung 6 lässt sich ableiten, dass spezifische Verhaltensweisen spezifische Gedanken und Gefühle auslösen. Dafür gibt es unzählige Beispiele: Aggressives Verhalten weckt Wut und böse Gedanken, liebevolles Verhalten weckt Sanftheit und Sympathiegedanken, ängstliches Verhalten weckt Unsicherheit und zögerliche Gedanken. Unser Verhalten löst eine Kette von übereinstimmenden Gefühlen und Gedanken aus, die ihrerseits unser Verhalten „bestätigen". Mit anderen Worten: Die drei G-Faktoren verstärken sich gegenseitig sowohl im positiven wie negativen Sinne.

Daher ist es kein Fehler, deine Gedanken als Ausgangspunkt für deinen Kreationsprozess zu nehmen. Diese sind lediglich unvollständig und müssen ergänzt werden. Als kreisförmiges Entwicklungsmodell bietet die 3G-Methode genau diese erforderliche Ergänzung zu den klassischen Modellen.

Manchmal werde ich gefragt, welche Vorteile die 3G-Methode gegenüber den klassischen Methoden bietet. Die Antwort auf diese Frage ist abhängig vom Blickwinkel des Fragestellers. Ziehen wir als Beispiel einen Vergleich zwischen Radfahren und Wandern. Beide sind gesund und verbessern die Kondition. Das Radfahren ist etwas schneller und belastet weniger die Knie, sofern man nicht zu schnell in die Pedale tritt. Die Vor- und Nachteile einer Methode werden also vollständig vom jeweiligen Zusammenhang bestimmt.

Für einen gründlicheren Einblick in den Nutzen und Zusatzwert der 3G-Methode vergleiche ich nachstehend einerseits die Vor- und Nachteile des positiven Denkens und der linearen Entwicklungsmodelle sowie andererseits der 3G-Methode und kreisförmigen Entwicklungsmodelle.

POSITIVES DENKEN UND DAS LINEARE ENTWICKLUNGSMODELL

Vorteile:

- Die Techniken sind einfach erlernbar. Sie sind ermutigend, da du meistens sehr schnelle Ergebnisse erzielst.
- Denken ist ein bekanntes Terrain. Wir sind von klein auf damit „aufgewachsen".
- Die Techniken knüpfen an ein Kulturbewusstsein an, bei dem das Denken im Mittelpunkt steht.

Nachteile:

- Du musst keine unbewussten Widerstände auflösen. Dadurch wiegt sich das Ego in einer Scheinsicherheit, die hinderliche Denk,- Gefühls- und Verhaltensmuster verfestigen kann.
- Das Gefühl hat einen untergeordneten Stellenwert. Das Unterbewusste kann uns heimlich sabotieren.
- Wenn zu viele (emotionale) Widerstände und Blockaden bestehen, funktioniert diese Methode nicht oder nur unzureichend. In diesem Fall kann es lange dauern, bis du ein Ergebnis siehst.

DIE 3G-METHODE UND DAS KREISFÖRMIGE ENTWICKLUNGSMODELL

Vorteile:

- Du kannst das schwächste Glied deines Bewusstseins (Denken, Fühlen oder Handeln, was immer zutreffend sein mag) gezielt stärken. Die 3G-Methode ist flexibel und maßgeschneidert und damit von jedem anwendbar.
- Du erkennst deine bewussten und unbewussten Widerstände und Blockaden und kannst sie auflösen. Damit schaffst du dir alle Möglichkeiten, der zu SEIN, der du sein willst und sein kannst.
- Neben einem tieferen Einblick, wer du wirklich bist, entwickelst du einen Gesamteinblick davon, wie du denkst, fühlst und was du in der Welt verwirklichst.
- Da die drei G-Faktoren (Gedanke, Gefühl und Verhalten) vollständig aufeinander abgestimmt sind, ist die Wirkung optimal. Durch diese dreigliedrige Abstimmung entwickelst

du eine größere Kreationskraft. Du bist besser fokussiert und treffsicherer. Damit verwirklichst du dein Ziel vollkommener, dauerhafter, schneller und einfacher. Du wirst Herr über dein eigenes Leben und verwirklichst das höchste Erreichbare!

- Die 3G-Methode arbeitet sowohl kreativ (schöpferisch) wie kurativ (heilend). Bei einer richtigen Anwendung bewirkt sie eine Einheit von Selbsterkenntnis, Selbstentwicklung, Therapie und Kreationskraft.

Nachteile:

- In der Anfangsphase nimmt die Integration der 3G-Methode in das Alltagsleben eventuell etwas mehr Zeit in Anspruch.

Teil 2: An die Arbeit

EINLEITUNG

In diesem Teil wirst du die vollständige 3G-Methode, die aus sieben Differenzierungslisten, dem Routenplan und dem Kerndreieck besteht, auf dich selbst anwenden. Es gibt drei Phasen, mit denen die drei G-Faktoren unlösbar verknüpft sind:

A) Das Entdecken deines Wunsches

B) Das Erstellen deines Routenplans

C) Das Verwirklichen deines Ziels

Diese drei Phasen (A, B und C) musst du einzeln in der in diesem Buch festgelegten Reihenfolge durchlaufen. Der Grund dafür ist, dass die 3G-Methode nur wirksam ist, wenn du keinen Einzelschritt überspringst. Man kann es mit dem Bau eines Hauses vergleichen: Erst werden das Fundament und die Tragmauern errichtet, danach die Stockwerke und das Dach. Zögere nicht mit dem Beginnen, denn auch eine Reise von tausend Kilometern beginnt mit dem ersten Schritt.

Die 3G-Methode beginnt bereits, sobald du mit der Untersuchung und Entdeckung deines Traum oder Wunsches beginnst. Das ist die A-Phase. Damit hast du den Kreationsprozess in Gang gesetzt, das heißt, die Manifestation deines Traums oder

Wunsches hat bereits begonnen. In der A-Phase erstellst du vier Listen, die ein deutlicheres Bild deines Wunsches zeichnen. Durch eine bewusste Anfertigung dieser Listen setzt bereits ein Kreationsprozess ein, der sich eigenständig in Richtung deines Ziels weiterentwickelt. Sobald du weißt, was du willst, gehst du über zur B-Phase, der Entwicklung eines Routenplans. Anschließend, in der C-Phase, beginnst du mit der eigentlichen Konkretisierung, unter anderem durch das Fokussieren deines Ziels mithilfe des Kerndreiecks.

Dieses wird gebildet aus den jeweils in den Listen 5, 6 und 7 an erster Stelle stehenden und damit stärksten positiven Affirmationen. Das Kerndreieck unterstützt dich bei einer sowohl direkten wie synergetischen (multidimensionalen) Fokussierung deines Ziels. Dieses sehr effektive Instrument vereinfacht dir ein *kohärentes* Kreieren.

Mir wird regelmäßig die Frage gestellt, wieviel Zeit man für ein ernsthaftes Erlernen der Anwendung der 3G-Methode benötigt. Diese Frage lässt sich nicht eindeutig beantworten. Obwohl du für die Lektüre dieses Buchs vielleicht einige Tage benötigst, nimmt das Verstehen und Anwenden der gesamten 3G-Methode nicht mehr als eine bis einige Stunden in Anspruch. Je häufiger und intensiver du dich mit der 3G-Methode beschäftigst, desto kohärenter wirst du und desto erfolgreicher wirkt die 3G-Methode. Das Ausmaß deines Wunsches bestimmt die Intensität deines Visualisierens mit deinem Kerndreieck, wie die Planung und Umsetzung eines Großprojekts, in die verschiedene Organisationen einbezogen sind, meistens zeitaufwändiger ist als das Abschließen eines Schreibmaschinendiploms.

Während Zeitdauer, Art und Komplexität deines Ziels erheblich variieren können, besteht im Prinzip kein Unterschied in der Anwendung der 3G-Methode für die Verwirklichung von kleinen oder großen Zielen. Das wird eindeutig klar, wenn es um ein messbares Ziel geht wie das Erwerben von Geld. Für das Universum macht es keinen Unterschied, ob du einen Eurocent oder 100 000 Euro erhalten willst: Das Prinzip ist dasselbe!

Die Abbildung 7 zeigt eine schematische Darstellung der 3G-Methode.

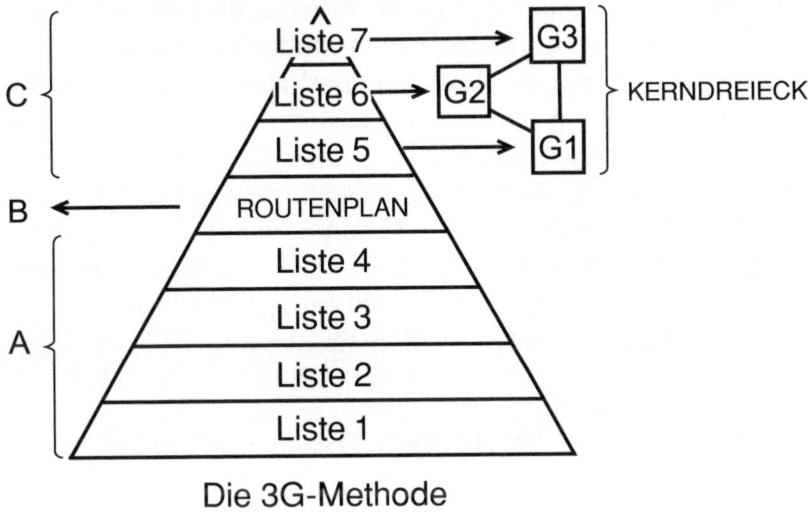

Abbildung 7

Halte Stift und Papier bereit, denn dies ist ein *Arbeitsbuch*!

A) Entdecke deinen Wunsch

In dieser Phase der 3G-Methode wirst du entdecken, was du wirklich willst. Was ist dein wahres Ziel? Bist du tatsächlich glücklich mit dir und dem, was du besitzt, oder hast du unerfüllte Wünsche? Welche Eigenschaften und Talente hast du, was machst du am liebsten, wer willst du sein? Das sind die Fragen, die wir beantworten werden. Denn du kannst dein Ziel erst dann verwirklichen, wenn du eines hast!

Erstelle eine Liste deiner Qualitäten (Eigenschaften und Talente), die du an dir schätzt, auf die du stolz oder mit denen du glücklich und zufrieden bist. Beispiele dafür sind dein liebenswerter Charakter, dein ehrliches Gemüt, deine Integrität, deine Spiritualität, deine Musikalität, deine technischen Fähigkeiten, deine Hilfsbereitschaft, deine Freundlichkeit, deine geistige Offenheit, deine Entschlossenheit, deine Sensibilität, deine Energie, dein Humor oder deine Menschenkenntnis. Schreibe die Stichworte frei, spontan und ohne Unterbrechung deines Gedankenstroms auf. Wichtige und weniger wichtige Qualitäten werden somit gemeinsam in deiner Liste aufgeführt.

Die folgende Liste dient als Beispiel:

Liste 1 – *Qualitäten, die ich an mir schätze:*

Meine Kinderliebe
Meine Freundlichkeit
Meine Offenheit
Mein Sozialgefühl
Mein Engagement
Meine Hilfsbereitschaft

Meine Fröhlichkeit
Mein Organisationstalent
Meinen Optimismus
Meine Flexibilität
Meine Empathie
Meine Kreativität
Mein Verantwortungsbewusstsein
Meine Vergebungsbereitschaft
Meine Intuition
Meine Lebenserfahrung
Meine Sparsamkeit

1. ***Erstelle nun deine eigene Liste der Qualitäten, die du an dir schätzt.***

Wenn du fertig bist, lies deine Liste noch einmal Punkt für Punkt durch. Halte bei jeder verzeichneten Qualität einen Moment inne. Atme ruhig und tief aus dem Bauch heraus ein. Denke dich hinein, mache dir ein lebendiges Bild, spüre, wie du dich fühlst. Für den, der die obige Liste erstellt hat, sind das natürlich die folgenden Einträge: „Ich freue mich über meine Kinderliebe!“, „Ich freue mich über meine Freundlichkeit!“, „Ich freue mich über meine Offenheit!“, „Ich freue mich über mein Sozialgefühl!“ und so weiter durch die gesamte Liste. Gehe deine Liste auf diese Weise von oben bis unten durch. Bewahre diese Liste unbedingt auf, denn du wirst sie an späterer Stelle in diesem Buch gemeinsam mit den noch zu erstellenden Listen benötigen.

Trage in die zweite Liste die Qualitäten ein, mit denen du unzufrieden bist, die du gerne ändern würdest oder derer du gänzlich überdrüssig bist. Die zweite Liste benennt alles, was du NICHT an dir schätzt, womit du ganz und gar nicht glücklich bist. Schreibe diese Qualitäten wie bei der ersten Liste spontan und unzensiert nieder. Die nachstehende Liste dient erneut als Beispiel:

Liste 2 – *Qualitäten, die ich NICHT an mir schätze:*

Meine Vorwitzigkeit
Meinen belehrenden Charakter
Meinen Trotz
Meine Ungerechtigkeit
Meinen Eigensinn
Meine Nachlässigkeit
Meine Ungeduld
Meine Reizbarkeit
Meinen Zorn
Meine Faulheit
Meine Verschlossenheit
Meine Ängste
Meine Zwangsvorstellungen
Meine Unentschlossenheit
Meine Unsicherheit
Meine Verschwendungssucht
Meine Taktlosigkeit

2. ***Erstelle nun deine eigene Liste der Qualitäten, die du NICHT an dir schätzt.***

Öffne nun den Umschlag mit den beiden Listen, die andere von dir erstellt haben. Lege diese Listen neben deine von dir gerade angefertigten Listen. Vergleiche selbst, welche Qualitäten miteinander übereinstimmen und welche nicht. Dieser Schritt ist wichtig, denn er vermittelt dir eine größere Kenntnis deiner selbst, und du beginnst zu verstehen, warum dir bestimmte Dinge im Leben widerfahren. Du erhältst einen tieferen Einblick und damit mehr Möglichkeiten, das von dir gewünschte Leben zu kreieren.

Die dritte Liste bezieht sich auf deine Träume und Wünsche. Was sind deine tiefsten Verlangen? Was willst du in deinem Leben unbedingt erreichen? Erst wenn du weißt, was du wirklich willst, kannst du es auch erreichen. Falls dir selbst spontan nichts einfällt, gibt dir die folgende Prioritätenliste eventuell einige Anregungen:

Liste 3 – *Meine tiefsten Wünsche und Verlangen sind:*

Glücklich werden.
Die Beziehung mit meinen Kindern verbessern.
Eine Traumreise mit einem Partner unternehmen.
Befördert werden.
Meister werden.
Eine eigene Praxis aufbauen.
Meine Kreativität entwickeln.
Eine neue Ausbildung beginnen.
Häufiger und regelmäßiger Sport treiben.
Mir mehr Freiraum geben.
Lernen, anderen zuzuhören.
Zugänglicher werden.
Meinen Eltern verzeihen.
An einen schöneren Ort umziehen.
Ein Buch schreiben.
Einen prächtigen Garten mit einem Teich anlegen.
Ein neues Projekt beginnen.
Mit meiner Arbeit möglichst viele Menschen erreichen.

Innerliche Ruhe finden.
Reich werden.
Meine sozialen Kontakte verbessern.

3. ***Erstelle nun deine eigene Prioritätenliste mit mindestens fünf Träumen und Wünschen. Schreibe diese zuerst nieder, wie sie in deinen Gedanken auftauchen, und ordne sie erst dann in der Reihenfolge ihrer Wichtigkeit.***

Wähle einen einzigen Traum oder Wunsch in der Liste aus. Dieser muss realisierbar sein. Das Verwirklichen von etwas, das innerhalb deiner Möglichkeiten liegt, ist nämlich anregend. Dadurch steigert sich deine Lust, den Kreationsprozess fortzuführen. Wenn du mehrere Träume gleichzeitig verwirklichen willst, läufst du Gefahr, dich zu verzetteln und deine Kreationskraft zu verlieren. Konzentriere dich daher besser auf einen Traum, von dem du sicher bist, dass dieser auch verwirklicht werden kann. Das Verwirklichen dieses Traums ist ab JETZT dein Hauptziel. *Du befindest dich an einem wichtigen Punkt, denn dieser bestimmt die Richtung deines Kreationsprozesses!*

Setze deinen Traum nun um in eine starke, positive, in der Gegenwart formulierte Affirmation. Formuliere die Affirmation deines Traums kurz und aussagekräftig, streiche überflüssige Wörter (siehe Abschnitt 8: „Formuliere dein Ziel gut!"). Dadurch erhöhst du sowohl die Kreationskraft als auch die Chance der Verwirklichung! Du willst ein erfolgreicher Tennisspieler werden? Dann hilft dir die folgende Bestätigung nicht weiter: „Irgendwann werde ich ein guter Tennisspieler sein." Warum nicht? Weil „Irgendwann" in der Zukunft liegt, wir aber immer im JETZT leben. Die Affirmation „Ich bin ein guter Tennisspieler!" ist daher schon wesentlich besser. Noch besser ist diese Affirmation: „Ich bin ein erfolgreicher Tennisspieler!"

Je besser du dein Ziel formulierst, desto größer ist die Chance der Verwirklichung. „Ich bin“ ist die stärkste Affirmation, da wir uns mühelos mit „Ich bin …“ identifizieren können. Hiermit bestätigst du nämlich *dich selbst.* Das ist das SEIN, mit dem der Kreationskreislauf beginnt: SEIN – HANDELN – HABEN.

Was tun, wenn du keine Wünsche hast?

Die Chance, dass dein Leben wirklich nichts zu wünschen übrig lässt, ist außergewöhnlich klein. Es kann immer besser, schöner, angenehmer und erfreulicher sein! Da du als Mensch nach Ganzheit strebst, ist es wahrscheinlicher, dass Blockaden und Widerstände dich daran hindern, deine tiefsten Verlangen zu erkennen. Du bist vielleicht sehr unsicher und kannst keinen Kontakt mit dem herstellen, was du wirklich willst. Möglich ist auch, dass du an deinen Fähigkeiten zweifelst. Stell dir in diesem Fall vor, wie dein Leben wäre, wenn du ausgeglichen und selbstbewusst, also ohne Widerstände wärst. Fällt dir weiterhin nichts ein, dann kann es sein, dass du nicht zwischen Nebensachen und Hauptsachen, Teilzielen und Hauptzielen in deinem Leben unterscheiden oder entscheiden kannst. Du bist einfach nur verunsichert, sobald du dich entscheiden musst. Das ist nicht weiter schlimm, solange du weiterhin deinem Gefühl folgst. Entscheide dich in jedem Fall für ein Ziel, das dir das beste Gefühl gibt. Sei nicht zu bescheiden. Geh von den größten, schönsten, besten und angenehmsten glücksbringenden Wünschen aus, und schreibe diese nieder. Wähle aus diesen mit deinem Herzen den realisierbaren Wunschtraum aus, der dir am meisten Glück und Freude bereitet, und setze ihn an die Spitze der dritten Liste.

Es gibt Menschen, für die das Aufräumen ihrer Wohnung ein leidenschaftliches Verlangen ist. Aufräumen ist ihre größte

Leidenschaft, ihr tiefstes Verlangen, ihr selbstverständliches Hauptziel. Häufiger aber ist Aufräumen ein Zwischenschritt, ein Teilziel auf dem Weg nach mehr Raum, mehr Überblick oder etwas anderem. Manche Menschen glauben, sie hätten bereits alles, was sie sich wünschen, und ihnen fällt daher nicht ein, was sie auf ihre dritte Liste setzten könnten. Das kann natürlich so sein. Wahrscheinlicher ist aber, dass es dennoch unerfüllte Träume gibt. Vielleicht fallen sie dir in einem bestimmten Augenblick nur nicht ein. Vielleicht liegen diese Träume tief im Unbewussten verborgen und warten nur darauf, konkretisiert zu werden. Es gibt eine Methode, das aufzudecken.

Wenn dir absolut nichts einfällt, dann betrachte deine zweite Liste mit den Qualitäten, die du NICHT an dir schätzt, mit denen du also nicht glücklich bist. Wähle aus den Qualitäten, die oben in der Liste stehen, zwei oder drei aus, derer du am meisten überdrüssig bist oder die du (zutiefst) verabscheust, wie beispielsweise autoritäres Verhalten oder Starrköpfigkeit. Suche nun die Qualitäten oder Eigenschaften, die den von dir verabscheuten Qualitäten oder Eigenschaften entgegenstehen. Drehe das Ganze also einfach um. Wenn du beispielsweise sehr vorlaut bist und ungern unter einem Chef arbeitest, was sagt das über dich aus? Du würdest vielleicht am liebsten selbstständig arbeiten, in deinem eigenen Unternehmen. Damit wird diese Selbstständigkeit der Wunsch, dem du die oberste Priorität zuordnest. Du hasst Routinearbeiten, aber dein derzeitiger Arbeitsplatz verlangt diese von dir? Dann könnte es sein, dass du eine neue Herausforderung benötigst. Einer meiner Freunde hat beispielsweise seine Arbeit als Lkw-Fahrer für eine Vollzeitexistenz als Musiker aufgegeben.

Wenn in deiner Liste steht, dass du deine derzeitige Arbeit hasst oder diese NICHT länger verrichten willst, was willst du dann WIRKLICH? Stell dir vor, dass du NICHT vollkommen allein sein kannst oder willst, was willst du dann WIRKLICH? Wenn du größte Abneigung gegen Streit verspürst, was sagt das über dich aus? Denke ruhig darüber nach und schreibe die Antwort nieder. Abneigung gegen Streit kann eventuell bedeuten, dass du ein starkes Verlangen nach Ruhe und Harmonie hast. Diese Erkenntnis kannst du dann oben in deine dritte Liste eintragen. Diese Beispiele lassen sich beliebig fortführen. Letztlich sollte oben in deiner Liste das stehen, was dir das angenehmste Gefühl vermittelt. Damit hast du über einen kleinen Umweg gefunden, was du gesucht hast: deinen innigsten Wunsch, deinen tiefsten Traum. Ich fordere dich dazu heraus, die Verwirklichung deines Traums zu deinem Lebensziel zu erklären, obwohl dich die Folgen daraus eventuell ängstigen.

Was tun, wenn du keine Wahl treffen kannst?

Falls du dich zwischen mehreren deiner Wünsche nicht entscheiden kannst, frage dich, WARUM du diese Wünsche hast. Was symbolisieren sie? Was bedeuten sie für dich? Nehmen wir als Beispiel eine Klientin von mir, die folgende Wünsche (ich nenne nur die obersten vier) in ihrer Liste verzeichnet hatte:

Liste 3 – Meine tiefsten Wünsche und Träume sind:

Eine schöne Eigentumswohnung besitzen.
Eine gut bezahlte Arbeitsstelle bekommen.
Eine glückliche Ehe eingehen.
Ein Studium an der Universität (Baukunde) absolvieren.

Da sie sich unter diesen Wünschen nicht entscheiden konnte, stellte ich ihr die Frage, warum sie eine schöne Eigentumswohnung besitzen wolle. Sie antwortete, das gäbe ihr ein Gefühl von Raum. Eine gut bezahlte Arbeitsstelle bedeutete für sie Selbstständigkeit. Eine glückliche Ehe stand für Harmonie und das Studium für Möglichkeiten. Ich ließ sie diese Stichworte nebeneinander aufschreiben: Raum – Selbstständigkeit – Harmonie – Möglichkeiten. Ich stellte ihr erneut die Frage, warum sie ein Verlangen nach Raum, Selbstständigkeit, Harmonie und Möglichkeiten habe. Welchen größten gemeinsamen Nenner hatten diese vier Kernbegriffe? Nach einigen Minuten fand sie selbst die Antwort: „Freiheit! Ich will mich vor allem FREI fühlen. Kein Gejammer in meinem Kopf über einen schwierigen Ehemann oder einen autoritären Chef. Keine Geldsorgen. Freiheit ist das, was ich eigentlich will!"

Bevor du weißt, was du willst, wirst du dir also manchmal einige „Warum"-Fragen stellen müssen. Geh der Frage, warum du etwas willst, so lange nach, bis du nicht mehr weiterkommst und nur eine Antwort übrig bleibt. Diese Antwort trifft den Kern deines tatsächlichen Wunsches. Sie trifft dein tiefstes Verlangen.

Praxisbeispiele

Der Vergleich der Differenzierungslisten vermittelt dir Klarheit und manchmal überraschende Einblicke in deine Kreationsprozesse. Vor einigen Jahren hatte ich eine Sitzung mit einem 35-jährigen Geschäftsmann, der finanzielle Probleme hatte. Er war über Jahre der Geschäftsführer eines Unternehmens mit zweihundert Mitarbeitern gewesen, das kurze Zeit vor dieser Sitzung in Konkurs gegangen war. Ich befragte ihn nach seinem tiefsten Wunsch. Er antwortete, er würde am liebsten eine Million im Lotto gewinnen. Als ich ihn darauf hinwies, dass es zuverlässigere Methoden gäbe, viel Geld zu verdienen, war sein Interesse geweckt. Wir kamen überein, dass ich ihn mit der 3G-Methode begleiten würde. Nachstehend die wichtigsten Kernbegriffe seiner ersten drei Listen:

Liste 1 – Qualitäten, die ich an mir schätze:

Mein Selbstvertrauen
Meine Führungsqualitäten
Mein Kommunikationstalent
Meine Überzeugungskraft
Meinen Enthusiasmus

Liste 2 – Qualitäten, die ich NICHT an mir schätze:

Meine Nachlässigkeit
Meine Verschwendungssucht
Meine Indifferenz
Meine Vergesslichkeit

Liste 3 – Meine tiefsten Wünsche und Träume sind:

Multimillionär durch den Aufbau einer Unternehmenskette werden.
Bis zu meinem fünfzigsten Lebensjahr einen finanziellen Status erreichen, damit ich nicht mehr arbeiten muss.

Im Verlauf unserer Besprechung der Listen stellte sich heraus, wie sehr er blind an sich glaubte. Für Selbstzweifel gab es keinen Raum. Er erkannte die Bedeutung seiner Unvollkommenheiten nicht und war fest vom Gelingen seiner Pläne überzeugt. Noch vor dem Ende der ersten Sitzung begann er aus sich selbst heraus einzusehen, dass die Ziele in seiner dritten

Liste zu hoch gegriffen waren. Warum? Aus drei Gründen: Sein Geschäftssinn war unterentwickelt, er ging verschwenderisch mit Geld um und hielt regelmäßig seine Termine nicht ein (siehe die zweite Liste). Mit diesen negativen Eigenschaften würde er niemals aus eigener Kraft zum Millionär werden können (siehe dritte Liste)! Selbst wenn er durch eine glückliche Fügung des Schicksals den Hauptpreis im Lotto gewinnen sollte, bestand die große Wahrscheinlichkeit, dass er sein Geld durch falsche Investitionen wieder verlieren würde.

Bereits nach der ersten Sitzung begann er das Lernen eines zukünftig besseren Umgangs mit Geld als eine Herausforderung zu betrachten. Seine erste Aufgabe wurde daher, jeden Monat einen festen Geldbetrag zu sparen. Später haben wir diese Aufgabe durch eine Visualisierungstechnik ergänzt, mit der er sich darin übte, seine Finanztransaktionen zukünftig mit einem Gefühl der *Dankbarkeit* durchzuführen.

Die dritte Aufgabe bestand aus der Verwirklichung von realistischen Zielen. Ein halbes Jahr später traf ich ihn wieder. Er hatte nun eine ruhigere Ausstrahlung, arbeitete als stellvertretender Geschäftsführer in einem Konzern und war finanziell abgesichert. Ein positiver Nebeneffekt war, dass er nun außerdem mehr Zeit für seine Familie hatte.

Ich fragte mich trotzdem, ob sich seine tiefsten Wünsche verändert hatten oder nicht. Die Antwort gab er selbst: „Ich fühle mich besser als je zuvor, und mein Einkommen reicht für ein angenehmes Leben." Er hatte entdeckt, dass es in seinem Leben mehr für ihn gab als nur „haben, haben und nochmals haben". Der tiefste Wunsch in seiner dritten Liste schien einen anderen Wunsch überlagert zu haben: Das Bedürfnis nach Glück, Harmonie und Ruhe. Die Verwirklichung dieser Bedürfnisse wurde zu seiner Lebensaufgabe. Die in diesem Buch enthaltene Definition von Erfolg schließt sich diesem Beispiel perfekt an: *Erfolg ist die Erfüllung, die du durch die Verwirklichung deiner Träume erhältst.*

Ein zweites Beispiel, wie du mit deinen Listen arbeiten kannst, zeige ich anhand einer 18-jährigen Violinistin auf. Diese konsultierte mich drei Monate vor ihren Abiturprüfungen. Ihre Listen sahen folgendermaßen aus:

Liste 1 – Qualitäten, die ich an mir schätze:

Singen (hatte als Kind einen Gesangswettbewerb gewonnen)
Violine spielen (Vorbildung am Konservatorium)
Poesie
Intelligenz
Selbstbewusstsein (Bühnenerfahrung)

Liste 2 – Qualitäten, die ich NICHT an mir schätze:

Unsicherheit
Versagensängste
Zweifel
Faulheit
Angst vor Veränderung

Liste 3 – Meine tiefsten Wünsche und Träume sind:

Violinenunterricht für Kinder erteilen oder Violinistin in einem großen Ensemble werden.
Solokonzerte mit meiner Violine geben.
(Meine Gesangsstimme ausbilden?)

In der Nachbesprechung fragte ich sie, ob es möglich sei, ihren Gesang mit ihrem Violinspiel zu kombinieren. „Das kann ich doch nicht!“, lautete ihre energische Antwort (siehe zweite Liste). „Mein Vater ist Berufsmusiker, und der sagt auch, man könne nur eine Sache gut machen!" – „Nun ja", antwortete ich lächelnd, „aber er ist ein Mann …" Ich erklärte ihr, wie sie ihr Gesangstalent für die Entwicklung eines eigenen Musikstils einsetzen könnte, um sich damit in der Musikwelt zu profilieren. Im Verlauf des Gesprächs wuchsen ihr Vertrauen und ihre Lust, diesen Vorschlag umzusetzen. Bei ihrem letzten Besuch brachte sie ihre eigenen Kompositionen für Violine und Gesang mit.

Liste 4 – *Welche Vorteile bietet mein Ziel?*

Solange du nicht weißt, *warum* du dein Ziel verwirklichen willst, ist die Abrundung des Kreationsprozesses schwierig. Wenn du die Vorteile deines Ziels nicht erkennst, fehlt dir die Kraft zur Veränderung, und alles bleibt wie zuvor. Einige haben wilde Pläne und kommen leider nicht weiter als: „Das würde ich auch gerne wollen." Doch bei allem Respekt, das *Wollen* allein ist nicht genug.

Erst wenn du von den Vorteilen überzeugt bist, die dir dein Ziel bringt, kannst du es auch tatsächlich verwirklichen. Daher ist es unbedingt erforderlich, eine Liste mit möglichst vielen Gründen (vorzugsweise fünfzehn oder mehr) für die Verwirklichung deines Ziels zu erstellen. Trage diese erst willkürlich in die Liste ein und ordne sie anschließend in der Reihenfolge ihrer Wichtigkeit. Damit entwickelst du immer mehr Motivation und Vertrauen. Dein persönlicher Kreationsprozess hat die größten Erfolgsaussichten, wenn dein Ziel die folgenden drei Kriterien erfüllt:

- Es ist gut für dich.
- Es ist gut für andere.

– Es ist gut für die Welt, das heißt nützlich und sinnvoll für die allgemeinen Interessen (das große Ganze).

Erfüllt dein Ziel alle drei dieser Kriterien? Dann sind die Erfolgsaussichten am größten! Kreieren dreht sich nicht um Egoismus oder Eigeninteressen. Es ist unerheblich, ob dein Ziel klein oder groß, materiell oder geistig ist. Es genügt bereits, wenn es dir Freude bereitet. Solange deine Freude eine Kette von positiven Aktionen und Reaktionen in Gang setzt, von der deine Umgebung profitiert, ist alles gut. Mit anderen Worten: Die Absicht ist NICHT, dich auf Kosten anderer zu bereichern. Der Erhalt von Macht über andere, beispielsweise durch den Missbrauch deiner gesellschaftlichen Position, deiner Kenntnisse oder deines Besitzes, ist falsch und verhängnisvoll für dein geistiges Wachstum. Macht hat einen destruktiven Einfluss, der ausschließlich dem egoistischen Eigeninteresse dient. Sie ist eine der Fallstricke im Kreationsprozess.

Das Gegenbeispiel ist das Einnehmen einer Opferrolle. Die Opferrolle geht einher mit Selbstmitleid und dem Abschieben der Verantwortung für dein Leid auf andere. Damit gibst du anderen die Macht, über dein Leben zu bestimmen, und kommst bei deiner Selbstentfaltung keinen Schritt weiter.

Erst wenn die Kraft der Liebe stärker als die Liebe zur Macht ist, kann der Mensch die Welt durch seine Kreationen verbessern.

Aus Liebe und Dankbarkeit geborene Kreationen helfen der Menschheit weiter. Die folgende Beispielliste enthält Gründe, die dich vielleicht motivieren:

Liste 4 – Mein Ziel bietet folgende Vorteile:

Selbstverwirklichung
Selbstvertrauen

Selbstrespekt
Glück
Raum
Freiheit
Befreiung von Ängsten
Befreiung von Depressionen
Befreiung von Egomustern
Selbsterfüllung
Dankbarkeitsgefühle
Emotionale Unabhängigkeit
Finanzielle Unabhängigkeit
Unterstützung von guten Zielen
Stärkung der Gesundheit
Genesung von einer Krankheit
Tägliche Arbeitsfreude
Entwicklung neuer, wertvoller Projekte
Mein Hobby zum Beruf machen
Entwicklung einer Wertschätzung anderer
Von anderen respektiert werden
Reisen
Überraschen meines Partners
Verbesserung meiner Ehe
Verbesserung der Beziehung zu meinen Kindern
Kreativität
Leben für meine Berufung
Ich selbst sein
Sorgenfreiheit
Freude bereiten
Reichtum
Gefühl der Bereicherung
Gewichtsabnahme
Genießen eines schönen Zuhauses
Freude an einem schönen Auto

Finden eines netten Mannes
Finden einer netten Frau
Wahrmachen eines Traums
Berühmtheit
Bekanntheit
Beliebtheit
Entwickeln, was ich will
Machen, was ich will
Optimale Ausschöpfung meiner Talente

4. Die Zeit ist gekommen, deine eigene Liste zu erstellen.

Wenn du damit fertig bist, überprüfe nochmals, ob du nichts vergessen hast. *Je mehr Vorteile du für den Beginn deiner persönlichen Projekte findest, desto besser.* Falls dir mit Mühe beispielsweise nur zehn Vorteile einfallen, dann stimmt eventuell etwas nicht mit deiner Motivation. Der Grund dafür können Ängste sein, aber auch Zweifel, Unentschlossenheit oder mangelndes Vertrauen. Sprich in diesem Fall mit anderen über deine Vorteilsliste. Es besteht die große Chance, dass diese dich auf Ideen bringen! Begnüge dich nicht mit weniger als fünfzehn Vorteilen, denn **diese vierte Liste bestimmt die Erfolgsaussichten deines Kreationsprozesses!**

Überlege dir daher allmählich immer weitere Vorteile und trage diese in deine vierte Liste ein. Diese Liste ist unentbehrlich für deine innere Antriebskraft, deine Motivation und deine neue Sichtweise! Ich sage bewusst *neue Sichtweise*, da deine alte Art des Denkens nicht mehr ausreicht. Diese Schlussfolgerung ist logisch, denn deine derzeitigen Denkmuster haben dich zwar bisher überall hingeführt – außer an dein Ziel.

Es ist notwendig, dass du über die bestehenden Grenzen hinaus denken lernst, ansonsten verändert sich nichts.

Gehe die ersten vier Listen nochmals durch. Wo erforderlich, kannst du noch Änderungen vornehmen. Bewahre diese Listen, wenn du mit der Erstellung fertig bist, an einem Ort auf, wo du sie leicht wiederfindest, denn du wirst sie schon bald wieder benötigen.

B) Erstelle einen Plan

Ohne eine richtige Planung gibt es kein Gelingen. Du drehst dich im Kreis und verlierst den direkten Weg zum Ziel, so, als würdest du dich im Wald oder in der Wüste verirren. Da du nicht genau geradeaus läufst, wirst du zu deinem Erschrecken plötzlich feststellen, dass du nach stundenlangem Umherirren wieder an deinem Ausgangspunkt angelangt bist. Nimm daher immer eine gute Landkarte mit auf die Reise. Für die Verwirklichung deines Ziels gelten dieselben Bedingungen. Mache vorher einen klaren Plan, der dich sicher, am besten Schritt für Schritt und ohne Umwege, an dein Endziel führt.

Es ist unbedingt erforderlich, dass du dir ausreichend Zeit für das Überdenken einer guten Planung nimmst. Die von dir dazu benötigte Zeit kann zwischen einigen Stunden und einigen Tagen schwanken. In diesen hektischen Zeiten ist das eventuell etwas gewöhnungsbedürftig. Als Verkäufer oder Verkaufsleiter steht man beispielsweise unter dem Druck, mehrere Aufgaben gleichzeitig zu erledigen. Es passt nicht in dieses Bild, passiv hinter dem Schreibtisch zu sitzen und einen Plan zu Papier zu bringen. Trotzdem ist genau das erforderlich. Zuerst nachdenken und dann handeln vergrößert deine Erfolgsaussichten. Du gewinnst mit weniger Mühe mehr Kunden und erzielst höhere Verkaufszahlen und Gewinnspannen. Was immer du auch unternimmst: Eine gute Planung ist unverzichtbar.

Die Anwendung deines Routenplans für das Erreichen deines Ziels gleicht dem Betreten einer Treppe, die du am besten Stufe für Stufe hinaufsteigst. Willst du schnell sein und nimmst mehrere Stufen gleichzeitig, besteht die Gefahr, dass du stolperst, hinunterfällst und schließlich weiter vom oberen Treppenabsatz entfernt bist als zuvor.

Was benötigst du beispielsweise, wenn dein Ziel ist, Magenschmerzen zu kurieren? Zuerst den richtigen Ernährungsplan, das heißt ein angemessenes Ess- und Trinkverhalten. Wenn du täglich literweise Kaffee trinkst, kann das Koffein deine Magenschleimhaut reizen.

- Dein erstes Teilziel ist daher, keinen Kaffee mehr zu trinken. Dieses Vorhaben kann, abhängig davon, was am besten funktioniert, sofort oder in sicheren Zwischenschritten umgesetzt werden.
- Das zweite Teilziel, das du dir setzen kannst, besteht darin, für ausreichend Ruhe und Entspannung zu sorgen, indem du täglich eine halbe Stunde in einem zügigen Tempo spazieren gehst. Eine andere Möglichkeit wäre, mindestens zweimal wöchentlich in einem Fitnessstudio an der Verbesserung deiner Kondition zu arbeiten.
- Werden deine Magenschmerzen durch Streit oder Stress verursacht, dann ist dein drittes Teilziel die Verbesserung deines inneren Gleichgewichts. Dieses Teilziel kannst du in zwei oder mehr Teilziele unterteilen, wie:
  a) im Rahmen einer Psychotherapie an dir arbeiten;
  b) im Rahmen einer Beziehungstherapie an deiner Beziehung arbeiten;
  c) Ruhepunkte in deine Arbeit integrieren.

Erstelle nun auf einem separaten Papierblatt eine Übersicht deines Endziels und deiner Teilziele (deiner Zwischenschritte). Manchmal ist das Entwickeln der Qualitäten in deiner ersten Liste eines deiner Teilziele, manchmal besteht zwischen deiner ersten Liste und deinen Teilzielen keine Übereinstimmung. Das ist völlig in Ordnung, denn es geht einzig und allein darum, dass dich deine Teilziele unfehlbar zu deinem Endziel führen. Lege für jedes Teilziel eine realistische Zeitfrist fest.

Prüfe dann, was du für das Erreichen deines Ziels zuerst oder später machen musst. Dein Routenplan ist vollständig, wenn du alle erforderlichen Teilziele nach und nach in der richtigen Reihenfolge aufgeschrieben hast.

Berücksichtige, dass sich Teilziele manchmal spontan auch ändern können. Damit du deinen Traum verwirklichen kannst, entscheidest du dich fortwährend zwischen unzähligen Möglichkeiten. Ausschließlich logisches Denken hilft dir also nicht immer weiter. Für das immer wieder erneute Treffen der richtigen Entscheidung braucht es Erfahrungswerte, Intuition und Gefühl. Mit einer kohärenten Abstimmung deines Denken, Fühlens und Handelns geht das meistens von selbst. Dann kommen dir scheinbar zufällig genau die richtigen Ideen, und du triffst zum richtigen Zeitpunkt die richtigen Personen.

Der Abschnitt 10 enthält ergänzende Informationen für das Erstellen deines Plans.

Schreibe dein Ziel, deine Teilziele und deine Zeitfristen auf ein Blatt.

ZIEL:
Mein Ziel ist ....

Teilziele:
Meine Teilziele sind: ....

....

....

Zeitfristen:
Meine Zeitfristen sind: ....

....

....

C) Verwirkliche dein Ziel

Dieses Buch ist eine Anleitung für ein vollständiges, kohärentes Kreieren. Befolge daher engagiert und vertrauensvoll die folgenden Anleitungen, denn diese bringen dich deinem Ziel näher.

Handeln ist untrennbar mit der Verwirklichung deines Ziels verbunden. Du hast vielleicht ein wunderbares Ideal oder einen brillanten Plan. Aber das allein genügt nicht. Von zentraler Bedeutung ist, dass du alles Notwendige für die Verwirklichung deines Ziels unternimmst. Daher kremple deine Ärmel hoch. Kreieren ist vor allem eine Frage des Anpackens: Machen, machen und nochmals machen. Ohne Hinfallen und Wiederaufstehen, Weitermachen und Beharrlichkeit geht der Erfolg an dir vorbei.

Das Verwirklichen willkürlicher Ziele löst widersprüchliche Gedanken, Gefühle und Verhaltensweisen aus. Diese Polarität kann sich vom extrem Positiven zum extrem Negativen wandeln. Auch wenn du noch so positiv und voller Vertrauen bist, wirst du früher oder später auf Widerstände treffen. Diese wirst du bei der Verwirklichung deines Ziels überwinden müssen. Eine Möglichkeit wäre, gegen sie anzukämpfen. Das wird dir aber nicht weiterhelfen. Schlimmer noch: Die Probleme werden dadurch nur noch größer! Denn alles, dem du Aufmerksamkeit schenkst, verstärkt sich. Im Abschnitt 8 sind verschiedene Gründe beschrieben, warum das so ist.

Du kannst deine Widerstände ganz einfach umgehen oder abschwächen, indem du deine Aufmerksamkeit auf Gedanken, Gefühle und Verhaltensweisen richtest, die gut zu deinem Ziel passen. Denn wenn deine Widerstände keine Aufmerksamkeit erhalten, verlieren sie von selbst ihre Stärke. Denke beispielsweise an die Pflanzenwelt. Ohne Sonnenlicht, Sauerstoff, Nährstoffe und Wasser verwelkt mit der Zeit selbst das widerstandsfähigste Unkraut.

Somit schwächt sich die negative Polarität von selbst ab, ohne dass du dich bewusst darum bemühen musst. Nutze dazu deine Qualitäten in der fünften, sechsten und siebenten Liste, den Kohärenzlisten. Sobald du diese Listen erstellt hast, bildest du mit den darin an der Spitze stehenden Affirmationen dein persönliches Kerndreieck. Verwende diese so oft wie möglich für die Fokussierung deines Ziels. Dadurch wirst du von selbst immer kohärenter. Je größer deine Kohärenz ist, desto schneller, umfassender und einfacher erreichst du dein Ziel. Wie wir inzwischen wissen, bist du kohärent, wenn deine Gedanken, Gefühle und Verhaltensweisen auf einer Linie angeordnet sind (siehe Abbildung 8).

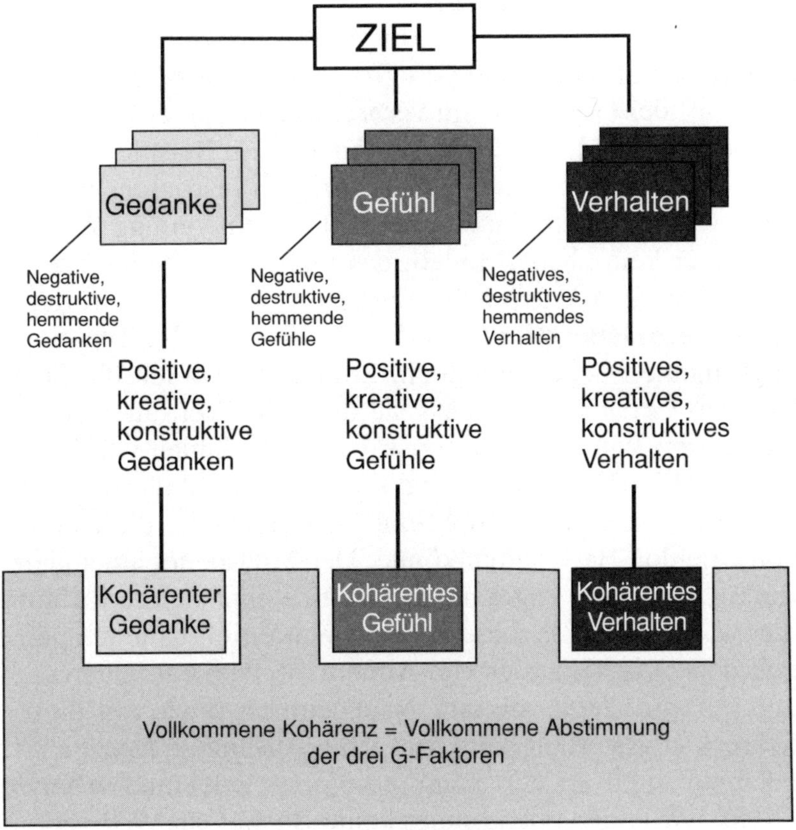
ZIEL
Gedanke
Gefühl
Verhalten
Negative, destruktive, hemmende Gedanken
Negative, destruktive, hemmende Gefühle
Negatives, destruktives, hemmendes Verhalten
Positive, kreative, konstruktive Gedanken
Positive, kreative, konstruktive Gefühle
Positives, kreatives, konstruktives Verhalten
Kohärenter Gedanke
Kohärentes Gefühl
Kohärentes Verhalten
Vollkommene Kohärenz = Vollkommene Abstimmung der drei G-Faktoren

Abbildung 8

Liste 5 – *Gedankenkraft*

Seit der Veröffentlichung von *The Secret – Das Geheimnis* ist die Kraft der Gedanken ein verbreitetes Gesprächsthema. Sie soll wahre Wunder vollbringen können. Ein Beispiel aus meinem eigenen Leben kann diese Frage illustrieren. Im Juni 2007 wollte ich ein Auto kaufen. Ich suchte einige Wochen, fand aber kein „Kia"-Modell, das meinen Vorstellungen und Anforderungen entsprach. Entweder war das betreffende Fahrzeug zu teuer oder nicht der von mir gesuchte Typ. Somit blieb meine Suche vergeblich. Ende Juni gab ich die Suche mit dem Gedanken auf, dass sie im vollen Vertrauen auf das Universum von selbst ein positives Ende finden würde. Am 3. Juli 2007 rief ich die Zentralbibliothek der Stadt Almere für eine Anfrage an, ob ich dort eine Vorlesung über die Therapie von Brandon Bays halten könne. Der Mitarbeiter am anderen Ende der Leitung sagte mir, ich müsse eine andere Rufnummer wählen. Als ich diese Rufnummer anrief, hatte ich plötzlich den „Kia"-Händler von Almere am Apparat. Überrascht und verblüfft legte ich auf. Nachdem ich mich von diesem Schreck etwas erholt hatte, rief ich den Händler erneut an. Er erkannte mich an der Stimme sofort wieder und scherzte: „Nein, wir leihen noch immer keine Bücher aus. Wir verkaufen nur Autos!" Als ich ihm erzählte, dass ich seit einigen Wochen auf der Suche nach einem „Kia" sei, hörte er mir mit wachsendem Erstaunen zu. Er fand meine Erzählung reichlich sonderbar. „Welches Kia-Modell genau suchen Sie denn?", fragte er verwundert. Ich antwortete, dass ich einen silbergrauen „Kia Rio" suchte. Mit wachsender Begeisterung erzählte er mir, es sei gerade ein neuer (silbergrauer!) „Kia Rio" in der von mir gesuchten Preisklasse eingetroffen. Wir vereinbarten einen Termin. Bis heute fahre ich mit viel Spaß mit meinem „Kia" durch die Gegend.

Beginnen wir nun mit dem Verwirklichen *deines* Ziels! Die nachstehende Beispielliste soll dich dabei unterstützen.

Liste 5 – Hilfreiche Gedanken (G1):

Ich bin erfolgreich.
Ich bin ein erfolgreicher Unternehmer.
Ich bin liebevoll.
Ich bin eine liebevolle Mutter.
Ich bin ein Spitzenkoch.
Ich bin hilfsbereit.
Ich bin ein Spitzensportler.
Ich bin ein großartiger Geschäftsmann.
Ich bin ein Gewinner.
Ich bin intelligent.
Ich bin eins mit dem Universum.
Ich bin komplett.
Ich bin geheilt.
Ich bin musikalisch.
Ich besitze besondere Gaben.
Ich bin talentiert.
Ich bin vollkommen offen.
Ich bin vollkommen entspannt.
Ich bin glücklich mit mir.
Ich bin glücklich mit meiner Arbeit.
Ich bin glücklich in meiner Beziehung.
Ich bin glücklich mit meinen Kindern.
Ich bin ein gesegneter Mensch.
Ich bin ein reicher Mensch.
Ich bin befreit.
Ich bin selbstbewusst.
Ich bin attraktiv.

Ich bin ein weiser Mensch.
Ich bin ein guter Mensch.
Ich bin authentisch.

5. ***Erstelle nun deine eigene Prioritätenliste mit fünfzehn oder mehr Gedanken, die dich bei der Verwirklichung deines Ziels unterstützen.***

Schreibe spontan und ohne Zurückhaltung alle positiven und hilfreichen Gedanken (am besten fünfzehn oder mehr) auf, die dich bei der Verwirklichung deines Ziels unterstützen. Erstelle daraus eine Prioritätenliste mit positiven Affirmationen und setze diese in die Gegenwart (siehe Abschnitt 8). Stelle die stärksten Affirmationen an die Spitze der Liste. Diese beginnen alle mit „Ich bin…". Betrachte diese Liste jeden Tag und stelle dir dein Ziel konkret und lebensecht vor. Gehe dabei davon aus, dass du dein Ziel in diesem Moment bereits verwirklicht hast.

Wir dürfen die Kraft von positiven Gedanken nicht unterschätzen. Wenn bereits nur ein Gedanke eine so enorme Auswirkung haben kann, wie groß muss dann wohl die GEMEINSAME Kraft von kohärenten Gedanken, Gefühlen und Verhalten sein?

Liste 6 – *Stimmen dein Gefühl und Ziel überein?*

Mindestens ebenso wichtig wie das positive Denken ist dein Gefühl, das damit einhergeht. Ein negatives Gefühl, das sich hinter einem positiven Wunschgedanken verbirgt, verringert die Aussicht auf Erfüllung. Da dieser Gedanke nicht kohärent ist, verliert er seine Kreationskraft. Es ist wie bei einem Autofahrer, der mit dem linken Fuß auf die Bremse und dem rechten Fuß auf das Gaspedal tritt.

Hast du Schwierigkeiten bei der Verwirklichung deines Wunsches? Dann überprüfe, was die Ursachen dafür sein könnten. Vielleicht hast du deinen Wunsch nicht gut genug in Worte gefasst. Lies noch einmal den Abschnitt 8 durch. Möglich ist auch, dass du deinen Wunsch zwar richtig formuliert hast, aber bewusst oder unbewusst nicht an die Möglichkeit einer Verwirklichung glaubst. Das Problem ist, dass diese Zweifel dem Ergebnis deines Wunsches entgegenwirken. Dein Wunsch wird dadurch gar nicht, kaum, teilweise oder negativ verwirklicht. Das Universum führt deine Bestellung nämlich *immer* aus, auch wenn diese Ausführung negativ oder unvollständig ist. Durch das Gesetz von Materie und Energie (das im Anhang näher behandelt wird) beeinflussen deine Gedanken und Gefühle die Welt, die dich umgibt. Weise hemmende oder unvorhergesehene Schwierigkeiten daher nicht ab, sondern heiße sie liebevoll als Lernelemente auf deinem Lebensweg willkommen.

Ist die Verwirklichung deines Ziels weiterhin deine größte Leidenschaft? Welche Gefühle weckt das Ziel dann in dir? Verspürst du Freude, Vergnügen, Aufregung, Begeisterung, Glück, Fröhlichkeit, Erfüllung, Dankbarkeit, Liebe, Ergriffenheit oder Seligkeit, wenn du an dein Ziel denkst? Dann bist du auf dem richtigen Weg. Dein Gefühl und das von dir angestrebte Ziel stimmen überein. Weckt das Denken an dein Ziel dagegen in dir Gefühle von Unsicherheit, Zweifel, Angst, Enttäuschung, Verdruss oder Zorn? Dann stelle dein Ziel – oder deine *Haltung* gegenüber deinem Ziel – infrage. Frage dich, ob du tatsächlich das gute Ziel gewählt hast. Es könnte beispielsweise zu hoch gegriffen sein. Du kannst deine Wahl auch aus Angst getroffen haben oder weil du dich gegen dein Gefühl stellst und dem Sicheren den Vorzug gibst vor dem Unsicheren. Die letztgenannte Möglichkeit ist ein Schwachpunkt. Denn wenn du dich mit einem Ziel begnügst, das dich nicht glücklich macht, beteiligt sich das Universum nicht länger an der Verwirklichung eines besseren Ziels! Das bedeutet, dir fehlt die Kohärenz mit deinem Ziel. Dafür gibt es im Prinzip drei Lösungen:

1. Du stellst deine Abstimmung mit dem Ziel infrage oder änderst sie.
2. Du stellst dein Ziel infrage oder änderst es.
3. Du stellst dein Ziel und deine Abstimmung mit dem Ziel infrage oder änderst beide.

Entscheide dich für die Lösung mit dem größten Zusatzwert für dich, die davon Betroffenen und das größere Ganze. Indem du dich so gut wie möglich in dein Ziel und alles, was mit ihm zusammenhängt, hineinversetzt, verändert sich deine Abstimmung ganz von selbst. Du und dein Ziel werden immer mehr zu einer Einheit. Du fühlst dich beispielsweise dazu berufen, eine Filmschauspielerin zu werden? Dann sind Interviews mit bekannten Filmstars eventuell eine gute Idee. Für einen angehenden Lkw-Fahrer bietet es sich an, einmal als Beifahrer bei einem internationalen Transport mitzufahren.

Suche daher so oft wie möglich den Zusammenhang auf, in dem dein Ziel steht. Falls das nicht gelingt, dann *kreiere* einen kohärenten Zusammenhang, in dem dein Ziel von selbst aufblüht. Sammle alles über deine Passion, packe es an, lege Alben mit spannenden Bildern an, verfasse Texte über dein Ziel, rufe es so oft wie möglich in deine Gedanken, sprich darüber mit anderen, die dafür offen sind, und gehe der Frage nach, welche positiven Gefühle bei der Verwirklichung deines Ziels für dich hilfreich sind. Einige positive Gefühle wie Friede, Vergnügen, Freude, Vertrauen, Liebe, Dankbarkeit, Geduld und Wertschätzung können den Kreationsprozess unterstützen, während es andere positive Gefühle wie Freiheitsdrang, Abenteuerlust, Enthusiasmus, Vorwärtsdrang und Leidenschaftlichkeit nicht tun. Der Vollständigkeit halber musst du erkennen, dass Gefühle nicht absolut hell oder dunkel, weiß oder schwarz, rein oder unrein, gut oder schlecht, positiv oder negativ sind. Sie haben, abhängig von ihrem Zusammenhang, in dem sie auftreten, eine „negative" oder „positive" Auswirkung. Alles hängt, wie ich bereits erwähnt habe, vollkommen davon ab, welche Gefühle geeignet sind und welche nicht.

Enthusiasmus und Unternehmungslust sind an sich positive Gefühle. Doch sie sind nicht angemessen für einen Zen-Mönch, der gerade für ein halbes Jahr ein Schweigegelübde abgelegt hat. Gelassenheit und innere Ruhe werden sich bei diesem Zen-Mönch wesentlich positiver auswirken.

Du willst einen Boxkampf gewinnen? Dann sind „negative" Gefühle wie Aggressivität und Geltungsdrang in diesem Fall meistens „positiv". Ist dein Lebensziel dagegen, Werke der Nächstenliebe in einem Kloster zu verrichten, dann wirken sich „positive" Gefühle wie Freiheitsdrang und Reiselust wahrscheinlich „negativ" aus! Für einen Buchhalter, der den ganzen Tag isoliert hinter seinem Schreibtisch sitzt, können Eigenschaften wie Extrovertiertheit, Kreativität, Geselligkeit und Sensitivität („positive Gefühle") eine falsche Auswirkung haben. Es lässt sich also nicht absolut festlegen, was „positiv" oder „negativ", „gut" oder „schlecht" ist.

Wer sich beispielsweise das Ziel gesetzt hat, an einer besseren Welt mitzuwirken, muss sich die Frage stellen, ob ihm das tatsächlich ein *bleibendes* gutes Gefühl gibt. Wenn du – gegen dein Gefühl und besseres Wissen – hart an der Verwirklichung einer (in deinen Augen) idealen Welt arbeitest und es misslingt dir, ist das enttäuschend. Du hörst – vielleicht aus Fanatismus, einem übertriebenen Reformdrang oder dergleichen – nicht auf dein WAHRES Gefühl. Die negativen Gefühle, die du ignorierst und verdrängst, wandern dann in dein Unterbewusstsein, wo sie – als Schattenseiten oder „unbewusste Saboteure“ – deinen Kreationsprozess torpedieren werden. Das kann zu Misslingen und Unzufriedenheit führen. Glücklicherweise lässt sich dieses Dilemma auf einfache Weise umgehen, indem du ständig mit deinen wahren Gefühlen in Kontakt bleibst. Dein Gefühl, mit anderen Worten die „Stimme deines Herzens“, dient als Richtungsweiser, Antenne oder Lügendetektor. Es lässt dich unfehlbar erkennen, wo dein Hauptziel liegt und ob du dich auf dem richtigen Weg dorthin befindest.

Die „Goldenen Drei“

Einige Autoren sind der Überzeugung, Dankbarkeit übe von allen Gefühlen die größte Anziehungskraft auf dein Ziel aus. In der Tat fällt es auf, dass eine Lebenshaltung von aufrichtiger Dankbarkeit besondere Ereignisse anzieht. Gemeinsam mit Enthusiasmus und Hingabe zählt Dankbarkeit meines Erachtens zu den stärksten Antriebsfedern für das Verwirklichen deiner Ziele. Dankbarkeit, Enthusiasmus und Hingabe bilden eine ideale Kombination! Sie verstärken sich gegenseitig und ziehen wie ein Magnet immer mehr von dem an, was du dir gewünscht hast.

Wenn du dankbar für alles Schöne, aber auch das weniger Schöne bist, das dir das Leben in den Weg stellt, wirst du wie von selbst von den Segnungen des Universums überschüttet. Liebe, Glück, innerer und äußerer Reichtum oder was immer du dir auch wünschst, werden sich mit Sicherheit bei dir einstellen. Enthusiasmus, der aus der Dankbarkeit strömt, wirkt ansteckend. Er geht einher mit Passion und gleicht einem Feuer, dessen Funken auf die Menschen in deinem Umfeld überspringen. Je größer dein Enthusiasmus ist, desto mehr gleichgesinnte Menschen wirst du in deinem Fahrwasser mitnehmen. Das Wort „Enthusiasmus“ bedeutet nicht umsonst „von Gott kommend“! Wenn du Enthusiasmus für etwas verspürst und Dank für die Freude, die sie dir schenkt, stellt sich deine Hingabe von selbst ein. *Das Kreieren geht dann einfacher und schneller.* So erreichst du mehr mit weniger Anstrengung.

Was musst du tun, wenn du *nicht* dankbar sein oder den Enthusiasmus und die vorbehaltlose Hingabe für deine Lebensaufgaben *nicht* aufbringen kannst? Dann stehen dir Widerstände deines Egos im Wege, die du unbedingt beseitigen musst. Ob du diese Aufgabe eigenständig oder mit Unterstützung einer professionellen Begleitung angehen willst, liegt vollkommen in deinem eigenen Ermessen. Im Anhang findest du Informationen über die therapeutischen Möglichkeiten, die dir zur Verfügung stehen.

Vergebung wirkt heilend

Die Kreationskraft der Gefühle ist größer, als wir häufig erkennen. Die folgende ergreifende Geschichte beschreibt die immense Kraft der Vergebung. Der amerikanische Psychiater George Ritchie wurde 1943 als 20-jähriger Soldat für den Kampfeinsatz im Zweiten Weltkrieg ausgebildet. Während seiner Rekrutenausbildung wurde er mit einer schweren Lungenentzündung in das Militärkrankenhaus eingeliefert. Dort hatte er eine „Nahtoderfahrung“, bei der ihm, nach eigenen Worten,

Christus erschien. Diese Offenbarung der Wahren Liebe und die strahlende Kraft, die von Christus ausging, veränderten sein Leben radikal. Ab diesem Moment begab er sich auf die Suche nach Christus. Er suchte überall, konnte ihn aber nirgends wiederfinden. Nachdem ein Jahr vergangen war, erhielt er plötzlich eine Antwort. Eine innere Stimme sagte ihm, dass er Christus in den Augen und Herzen seiner Mitmenschen finden könne. Im Jahr 1945 war er als amerikanischer Soldat in Deutschland an der Befreiung eines Konzentrationslagers in der Nähe von Wuppertal beteiligt. Was er dort sah, war grauenhafter als seine schlimmsten Albträume. Ausgemergelte, apathische Menschen, die ihn mit leerem Blick anstarrten. Sterbende und kranke Menschen, die der Gestank des Todes umwehte. Plötzlich entdeckte er unter diesen dem Tode nahen Gefangenen einen Mann mit einem auffallend anderen Verhalten und Erscheinungsbild. Dieser Mann lief kerzengerade aufrecht. Seine Augen strahlten Klarheit und Ruhe aus. Da er fünf Sprachen beherrschte, wurde er im Lager als Dolmetscher eingesetzt. Ritchie konnte kaum glauben, als man ihm über diesen Mann sagte, dieser könne fünfzehn Stunden ohne Erschöpfung arbeiten. Wie war es möglich, dass dieser energiegeladene Mann so lange Zeit unter solchen erbärmlichen Umständen gelebt hatte? Ritchie kam zu dem Schluss, er sei wohl erst seit kurzer Zeit ein Lagergefangener. Zu seinem großen Erstaunen erfuhr er allerdings, dass dieser Mann bereits sechs Jahre in diesem Lager verbracht hatte. Er hatte wie alle anderen von Hungerrationen gelebt und in schlecht gelüfteten, mit Krankheitskeimen verseuchten Baracken geschlafen. Trotzdem sah man ihm das kaum an. Der Mann erzählte, er habe im Lager, in dem viel Hass zwischen den verschiedenen Gefangenengruppen herrschte, eine schlichtende Aufgabe und würde von allen als Freund betrachtet. Aufgrund der Vertrauenswürdigkeit, die er ausstrahlte, war er als einzige Person im Lager dazu imstande. Eines Tage erzählte ihm dieser Mann seine ergreifende Lebensgeschichte.

„Im Jahr 1939 wohnte ich mit meiner Frau, unseren drei Söhnen und zwei Töchtern in einem jüdischen Viertel in Warschau. Die Deutschen marschierten ein, und als sie unser Viertel erreichten, stellten sie alle Juden, derer sie habhaft wurden, an die Mauer und erschossen sie mit Maschinengewehren. Sie töteten vor meinen Augen meine Frau, meine drei Söhne und meine zwei Töchter. In diesem Moment hatte ich nur noch den einzigen Wunsch, gemeinsam mit ihnen sterben zu dürfen. Ich flehte die Deutschen an, mich ebenfalls zu erschießen, aber sie ließen mich leben, da ich gut Deutsch sprach und sie mich als Dolmetscher gebrauchen konnten. In diesem Moment, während ich neben den Leichen meiner Frau und meiner Kinder stand, musste ich eine Entscheidung treffen. Ich konnte mich dem Hass gegen diese Soldaten hingeben. Ich konnte es aber auch nicht tun. Eigenartigerweise war es eine einfache Entscheidung. Während meiner Arbeit als Rechtsanwalt hatte ich öfter gesehen, was Hass in den Herzen und Körpern der Menschen anrichtet, wie er ihr eigenes und das Leben der Mitmenschen zerstören kann. Derselbe Hass hatte gerade sechs Menschen getötet. Menschen, die ich intensiv liebte. Menschen, die das Wertvollste in meinem Leben waren. Daher beschloss ich, die Abwärtsspirale von Hass und Vergeltung zu durchbrechen. Ich entschied mich dafür, den Rest meines Lebens jeden Menschen, dem ich begegnen würde, zu lieben. Darum konnte ich diese Jahre in diesem Lager überleben. Ich wurde zum Friedensrichter, zum Vermittler.“

Als George Ritchie diesem Mann in die Augen blickte, sah er Christus. Die Wahre Liebe, erwacht in einem Menschenherzen. Er verstand, woraus dieser Mann seine besondere Kraft, Gesundheit und Leidensfähigkeit schöpfte.

Der Kernpunkt dieser Geschichte besteht nicht darin, ob dieser Mann den Mördern seiner Frau und Kinder ihre Gräueltaten wirklich aus ganzem Herzen, also ohne eine Spur von Hass, vergeben hatte. Der Kernpunkt ist, dass bereits die aufrichtige *Absicht* des Vergebens einen tiefgreifenden Heilungsprozess auslöste. Was wir aus dieser Geschichte lernen können, ist, dass bedingungslose, reine Liebe – Liebe, die nichts ausschließt – buchstäblich *alles* besiegt.

Nun ist es Zeit für eine Praxisaufgabe. Zu deiner Unterstützung hier erneut eine Beispielliste:

Liste 6 – Hilfreiche Gefühle (G2):

Ich fühle Dankbarkeit.
Ich fühle Hingabe.
Ich fühle Vertrauen.
Ich fühle Liebe.
Ich fühle Passion.
Ich fühle Vergnügen.
Ich fühle Freude.
Ich fühle Optimismus.
Ich fühle mich glücklich.
Ich fühle mich erfüllt.
Ich fühle Redlichkeit
Ich fühle Offenheit.
Ich fühle Inspiration.
Ich fühle Freiheit.
Ich fühle Begeisterung.
Ich fühle Mut.
Ich fühle Unschuld.
Ich fühle Unbefangenheit.
Ich fühle Spontaneität.

Ich fühle Empathie.
Ich fühle Ergriffenheit.
Ich fühle Empfindsamkeit.
Ich fühle Enthusiasmus
Ich fühle mich extrovertiert.
Ich fühle mich flexibel.
Ich fühle mich abenteuerlustig.
Ich fühle mich sinnlich.

6. ***Prüfe bei dir selbst, welche Gefühle (zehn oder mehr) dir zu diesem Zeitpunkt am besten bei der Konkretisierung deines tiefsten Traums helfen können. Notiere die Stichworte ohne nachzudenken. Formuliere sie als positive G2-Affirmationen mit „Ich fühle …“. Ordne sie erst dann in der Reihenfolge ihrer Wichtigkeit.***

Liste 7 – *Verhalte dich …*

Nach Meinung der meisten Coaches, Therapeuten und kognitiven Wissenschaftler ist das Verhalten das schwächste Glied zwischen unseren Wünschen und deren Konkretisierung. Wir wollen von allem etwas, aber in der Praxis wird daraus meistens wenig. Gleichzeitig hat unser Verhalten im Kreationsprozess eine Schlüsselfunktion. Es ist das Bindeglied zwischen unseren Träumen und dem, was wir von diesen verwirklichen.

Das menschliche Verhalten lässt sich unter anderem unterteilen in deinen Kleidungsstil, deine Haltung, deine Art zu gehen, deine Gestik, deine (non-verbale) Mimik und die Themen, über die du sprichst, *wie* du über diese sprichst und was du über sie zu sagen hast, das heißt deinen Sprachgebrauch, deine Wortwahl, deinen Satzbau und die Art deines Sprechens:

Klangfarbe, Geschwindigkeit, Intonation, Rhythmus und Lautstärke deiner Stimme.

Neben einem aktiven Handeln ist ein (non-verbales) Nichthandeln auch ein bestimmtes Verhalten. Stärker noch: Schweigen und Nichthandeln sind manchmal vielsagender als Sprechen und Handeln! Die Frage, was ein „positives" Verhalten ist, steht in Abhängigkeit zu deinem Ziel. Als Offizier in der Armee ist es richtig, sich energisch zu verhalten und Befehle zu erteilen. Verhält sich ein Gärtner in dieser Weise gegenüber seinem Arbeitgeber, ist dieses Verhalten dagegen ungehobelt und unangemessen, also negativ. Wenn du dich für eine Arbeitsstelle bewirbst, die ein zuvorkommendes Verhalten und ein gepflegtes Erscheinungsbild erfordert, kannst du dich nicht als ein ungepflegter Vagabund verhalten und präsentieren. Nimm eine Haltung des *ehrlichen Interesses* an. Lehne dich eventuell leicht nach vorne, in die Richtung deines Gesprächspartners, während du ihn freundlich und entspannt anschaust. Dein Gesprächspartner wird dich dadurch wesentlich positiver beurteilen.

Ziehe für ein Geschäftsessen mit modebewussten Menschen ruhig eine angemessene, legere Kleidung komplett mit Krawatte an, wenn du dich darin wohlfühlst. Umgekehrt ist es für den Direktor eines multinationalen Konzerns völlig normal, sich in der teuersten, aktuellsten Markenkleidung zu präsentieren. Trainiere deine Abstimmung darauf, was das Leben von dir fordert, ohne dich dabei zu verbiegen. Dein Verhalten kann den entscheidenden Unterschied ausmachen zwischen Gewinnen und Verlieren, Gelingen und Missglücken, Aufträge einzuholen und zu verpassen, sich zu verändern oder im alten Trott durchzuschlagen. Sei bereit, alte Verhaltensmuster zu durchbrechen. Solange du handelst, wie du immer gehandelt hast, wirst du bekommen, was du immer bekommen hast. Du kannst nur dann ein glücklicheres Leben erhalten, wenn du dein Verhalten entscheidend änderst!

William James drückt das folgendermaßen aus: *„Du willst dein Leben verändern? Dann beginne sofort damit. Mache es mit Stil. Keine Ausflüchte, keine Ausreden."* Und ich sage: „An die Arbeit!" Nach meiner Erfahrung ist ein unaufhaltsames Handeln von entscheidender Bedeutung für den „Erhalt deiner Bestellung". Manchmal schließt sich plötzlich eine Tür, die du gerade geöffnet hast. Ein anderes Mal öffnet sich eine scheinbar verschlossene Tür wie von selbst. Ich habe die persönliche Erfahrung gemacht, dass sich während des Kreationsprozesses für jede sich schließende Tür viele andere Türen öffnen. Vertraue darauf und mach weiter, denn Kreieren ist ein aktiver Prozess. Kreieren heißt Anpacken. Ich kenne Menschen, die denken, sie müssten nach der Aufgabe ihrer Bestellung nur noch abwarten, bis „das Universum" ihre „Bestellung" wie eine Art kosmischer Postbote bei ihnen abliefert. Hin und wieder kann das tatsächlich auch geschehen. In den meisten Fällen musst du allerdings selbst herausfinden, wo deine Bestellung zu finden ist. In der Praxis heißt das: Fallen und wieder aufstehen, machen, machen und nochmals machen.

Gib also bei Widerständen nicht sofort auf. Selbst das größte Schloss wurde Stein für Stein errichtet. Wie du mittlerweile weißt, ist Kreieren ein Wachstumsprozess, und der bedeutet **fallen und wieder aufstehen**. Jeder Mensch hat früher oder später damit zu kämpfen. Es ist einfach ein Bestandteil des Prozesses. Ohne Widerstand gibt es keinen Fortschritt. Bevor wir laufen lernten, krochen wir ausnahmslos alle über den Boden.

Es gibt keinen glücklichen Menschen auf der Welt, der keine Widerstände überwinden musste. Wenn du auf Widerstände triffst, dann gib nicht auf und setze dich hin, sondern betrachte es als eine Lernmöglichkeit. Wie Albert Einstein bereits sagte: „Wer keine Fehler macht, hat niemals etwas Neues begonnen!“ Beginne also etwas Neues, setze dir ein Ziel, und wenn du einen Fehler machst, ziehe daraus die Erkenntnis, dass etwas verbesserungswürdig ist. Verbesserung bedeutet Entwicklung. Sei daher dankbar für die Wachstumsmöglichkeiten, die dir das Universum mit diesem Widerstand, Fehler oder Problem kostenlos anbietet!

Belohnen lohnt sich

Wenn du denkst, Erwachsene lernen anders als Kinder, unterliegst du einem Irrtum. Erfahrungen aus meinem Leben beweisen fortwährend die Unrichtigkeit dieser Behauptung. Kinder lernen, ebenso wie Erwachsene, spielerisch. Menschen lernen am besten, wenn sie eine liebevolle Aufmerksamkeit erfahren. Warum?

Der Mensch ist eine „biologische Maschine“, deren Kraftstoff die Aufmerksamkeit ist.

Ein Mensch funktioniert durch positive Aufmerksamkeit effizienter und erfolgreicher. Wenn du ihn belohnst und wertschätzt, ist er glücklich und wird von sich heraus noch Besseres leisten. Negative Aufmerksamkeit hemmt dagegen den guten Willen und bewirkt, dass jemand weniger Leistung zeigt und seine Aufgaben widerwillig erledigt. Langfristig gesehen macht negative Aufmerksamkeit krank und ist verhängnisvoll für jedes Unternehmen. Ein Arbeitgeber, der seinen Mitarbeitern eine angemessene Belohnung für ihre Leistungen in Aussicht stellt, erzielt langfristig bessere Ergebnisse als ein Arbeitgeber, der seine Mitarbeiter ausbeutet. Die Moral dieser

Geschichte: Komplimente kosten nichts und bringen einen ansehnlichen Gewinn. Verteile sie also, sofern du es noch nicht so hältst, demnächst etwas häufiger!

Behandle andere, wie SIE behandelt werden möchten!

Wer kennt nicht die goldene Lebensregel, man solle andere behandeln, wie man selbst behandelt werden möchte? Auch ich habe lange Jahre daran geglaubt. Erst nachdem ich eingehender über diese Regel nachgedacht hatte, kam mir die Erkenntnis, dass sie eigentlich aussagt, man solle andere an den *eigenen* Maßstäben messen. Das kann für einen angehenden Meister der Kreativität natürlich nicht das Ziel sein! Wenn du beispielsweise eine selbstbewusste, dominante Mutter hattest, ist es für dich eventuell in Ordnung, von Frauen dominiert zu werden. Vielleicht hast du Schwierigkeiten mit ängstlichen, abhängigen Frauen und neigst dazu, diese zu dominieren. Dann besteht die allergrößte Wahrscheinlichkeit, dass du enttäuscht sein wirst, denn nicht alle Frauen gehören in dieses Raster. Nur weil du Rosenkohl magst, heißt das noch lange nicht, dass *jeder* Rosenkohl mag.

Du solltest anderen nicht deine Meinung und deinen Geschmack aufzwingen, denn diese haben ein Recht auf ihre eigene Meinung und ihren eigenen Geschmack. Wenn du mein Zimmer kanariengelb anstreichst, weil das für dich eine schöne Farbe ist, während ich jedoch Wüstengelb mag, haben wir ein Problem. Behandele mich also so, wie *ich* behandelt werden möchte! Es erfordert Einfühlungsvermögen und Mitmenschlichkeit, nenne es *Respekt vor der Eigenart eines anderen*, einem anderen Menschen das geben zu können, was ihn erfreut. Versetze dich daher in den anderen Menschen hinein, handle so, wie der andere es gerne hätte, und zwar nur so lange, wie es auch *dir* ein gutes Gefühl gibt. Das ist eines der Geheimnisse von Erfolg.

Betrachte nun zuerst die folgende Beispielliste:

Liste 7 – Hilfreiche Verhaltensweisen (G3):

Ich mache, was mir Freude bereitet.
Ich gebe mein Bestes.
Ich kleide mich angemessen.
Ich betreibe Internet-Marketing.
Ich erledige meine Verwaltungsaufgaben.
Ich führe meine eigene Buchhaltung.
Ich erledige meine Gartenarbeit.
Ich belege einen Computerkurs.
Ich absolviere die richtige Ausbildung.
Ich mache, was mir am liebsten ist.
Ich arbeite am Gartenteich.
Ich baue eine neue Scheune.
Ich renoviere mein Haus.
Ich spreche ruhig.
Ich höre aufmerksam zu.
Ich helfe mit.
Ich versuche mein Bestes.
Ich zeige Interesse.
Ich vermittle Selbstbewusstsein.
Ich baue Netzwerke.
Ich halte Vorlesungen.
Ich schreibe ein Buch.
Ich verteile Faltblätter.
Ich verteile Visitenkarten.
Ich gestalte eine Website.
Ich räume meine Wohnung auf.

Ich lege einen Steingarten an.
Ich ordne meine Verwaltung.
Ich räume mein Durcheinander auf.

7. ***Erstelle nun deine eigene Prioritätenliste mit zehn oder mehr Verhaltensweisen, die dich bei der Verwirklichung deines Ziels unterstützen. Schreibe sie zuerst in der Reihenfolge ihrer Wichtigkeit auf und anschließend als positive Affirmation, die möglichst mit „Ich mache…" beginnen.***

Es wird dir wahrscheinlich auffallen, dass nicht alle G3-Affirmationen mit „Ich mache…" beginnen können. Suche dann nach einer anderen Formulierung, die den Aktivitätsaspekt deiner Affirmation möglichst deutlich wiedergibt. „Ich mache Laufen" ist beispielsweise ein unsinniger Satz. Die Affirmation „Ich renne", „Ich laufe viel" oder „Ich laufe täglich mindestens eine Stunde" sind wiederum passend. Wichtig ist nur, dass du deine Affirmationen in der siebten Liste in *aktiver* Form aufschreibst, bei der *Machen* oder *Nichtmachen* im Mittelpunkt steht. Eine positive Affirmation wie „Ich kreiere ein stressfreies Leben" erhält also den Vorzug vor „Mein Leben ist stressfrei." In dieser Form ist „Ich gehe es ruhig an" oder „Ich nehme mir ruhig Zeit" besser (weil aktiver) als „Mein Leben ist ruhig."

Fokussiere dein Ziel mit deinem persönlichen KERNDREIECK

Kerndreiecke sind bei der Fokussierung deines Ziels ein außergewöhnlich wirksames Hilfsmittel. Sie unterstützen dich bei einer möglichst klaren Abstimmung deines Bewusstseins mit deinem Ziel. Sie sind vergleichbar mit einer Brille, die nur mit der richtigen Schärfe und der Bündelung der Lichtstrahlen im Fokus einen klaren, schärferen Blick ermöglicht.

Ein Kerndreieck baut sich aus den Gedanken, Gefühlen und Verhaltensweisen auf, die in deinen Kohärenzlisten an erster Stelle stehen:

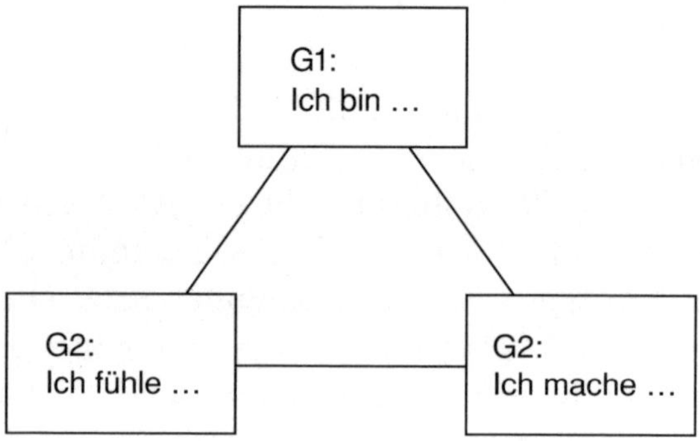

Fokussieren mit dem Kerndreieck

Abbildung 9

Die Eckpunkte eines Kerndreiecks bilden immer ein kohärenter Gedanken (G1), ein kohärentes Gefühl (G2) und ein kohärentes Verhalten (G3). Den Gedanken, das Gefühl und das Verhalten mit der größten Kohärenz kannst du einfach ablesen, da diese jeweils an erster Stelle deiner fünften, sechsten und siebenten Prioritätenliste stehen. Diese sind die Affirmationen deiner Gedanken, Gefühle und Verhaltensweisen, die am besten zu deinem Ziel passen. Vollkommene Kohärenz – oder die vollständige Abstimmung des Denkens, Fühlens und Handelns – ist eine Voraussetzung für die optimale Verwirklichung deines Ziels.

Der Aufbau eines Kerndreiecks ist daher sehr einfach. Nehmen wir an, jemand hat die folgenden Affirmationen an oberster Stelle seiner Kohärenzlisten stehen:

Liste 5: „Ich bin künstlerisch."
Liste 6: „Ich fühle Inspiration."
Liste 7: „Ich arbeite mit Keramik."

Die Eckpunkte dieser Person sind dann (s. Abbildung 9a): „Ich bin künstlerisch." (G1-Affirmation) – „Ich fühle Inspiration." (G2-Affirmation) – „Ich arbeite mit Keramik." (G3-Affirmation).

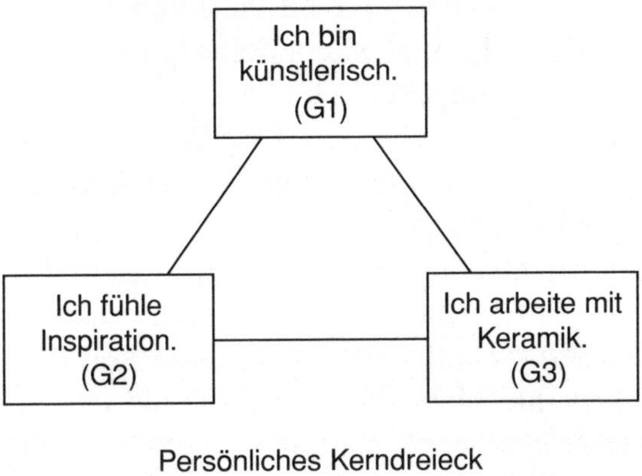

Abbildung 9a

Wie kannst du nun dein Kerndreieck am besten zur Fokussierung einsetzen?

Dazu habe ich eine *universelle, dreigliedrige Visualisierungstechnik* entwickelt, mit der du die Grundaspekte deines Bewusstseins synergetisch auf jedes willkürliche Ziel abstimmen kannst. Manchmal ist das Ziel leicht messbar, wie ein Abschluss mit Auszeichnung oder der Sieg in einem Wettkampf. Manchmal ist ein Ziel aber nicht oder schwer messbar, wie mehr Glück oder ein besseres Sexualleben. Wie dem auch sei: Mit dem Kerndreieck erhöhst du im schlimmsten Fall deine Erfolgsaussichten und erzielst im besten Fall einen ungekannten Durchbruch in deinem Leben. Wir beginnen mit der Vorbereitung.

Setze dich in einer entspannten Haltung auf einen bequemen Stuhl. Sitzt du gut? Dann richte deine Aufmerksamkeit auf deine Füße und spüre den Kontakt mit dem Boden, mit der Erde, die dich trägt. Kannst du deine großen Zehen spüren? – Die Zehen daneben? – Die Zehen daneben? – Die Zehen direkt neben den kleinen Zehen? – Und die kleinen Zehen? – Spüre deine Füße, – deine Fußgelenke – deine Unterschenkel, – deine Knie, – Hüften, – Oberschenkel, – den Beckenbereich. – Spüre deinen Unterbauch – und den Oberbauch. – Fühle deinen Unterrücken, – deinen Mittelrücken – und Oberrücken. – Spüre auch deinen Brustkasten und lass dich in ihn fallen. – Lass deine Schultern entspannt herabhängen, – auch die Oberarme, – Ellbogen, – Unterarme, – Handgelenke, – Hände – und Finger. – Öffne deine Kehle, deinen Nacken und deinen Hals, – Kehle, Nacken und Hals fühlen sich müde und schwer an. – Lass die Kiefer entspannt hängen, – auch die Wangen. – Lass deine Augenlider locker auf den Augäpfeln ruhen. – Spüre deine Stirn, – die Oberseite deines Kopfes, – vom Scheitel bis hinunter zum Nacken. – Entspanne dich vom Scheitel bis zur Sohle. – Müde und schwer von den Zehen bis zum Scheitel. – Spüre, wie du hier sitzt, und lass alle Gedanken und Gefühle sein, was sie sind. Sie kommen und gehen wie Wellen an den Strand, – wie der Wind durch die Bäume, – wie der Kreislauf von Tag und Nacht. Beobachte, wie sie kommen und wieder gehen, ohne dich mit ihnen zu beschäftigen. Du bist nur Zuschauer.

Stehe nun auf und bleibe in einer entspannten Haltung aufrecht stehen. Wer an einer Behinderung leidet, kann diese Visualisierung natürlich sitzend ausführen. Atme ruhig durch den Bauch und stell dir vor, dass vor dir ein Feld von unbegrenzten Möglichkeiten liegt. Dieses Feld erstreckt sich von der Gegenwart bis in die Zukunft, und du nutzt es zur Verwirklichung deines Wunsches. Hinter dir liegt die Vergangenheit, die du nicht mehr ändern kannst. Deine Vergangenheit liegt buchstäblich und im übertragenen Sinn hinter deinem Rücken. Du selbst stehst in der Gegenwart, im „Hier und Jetzt“, mit beiden Beinen fest auf dem Boden.

1. Visualisiere nun direkt vor dir eine Lichtkugel von goldgelber Energie. Du musst diese nicht sehen, es genügt, ihre Präsenz zu spüren. Wenn es dir hilft, kannst du dabei auch die Augen schließen. Wiederhole in deinen Gedanken deine G1-Affirmation „Ich bin…“ und denke dabei so intensiv wie möglich an dein Ziel. Visualisiere dich selbst im Zentrum der Lichtkugel, während du dein Ziel verwirklicht hast und deinen Erfolg genießt. Sprich die G1-Affirmation nun laut und voller Vertrauen aus.
2. Mach nun eine Vierteldrehung von 90 Grad nach links. Visualisiere direkt vor dir erneut eine Lichtkugel von Energie. Wiederhole in deinen Gedanken deine G2-Affirmation „Ich fühle…“ und stelle dir dein Ziel dabei so lebendig wie möglich vor. Setze dazu alle deine Sinne (Sehen, Hören, Fühlen, Riechen, Schmecken) ein und blicke eventuell umher. Sprich deine G2-Affirmation nun laut und voller Vertrauen aus.
3. Drehe dich nun um weitere 180 Grad, bis dein Gesicht nach rechts schaut. Visualisiere erneut die Lichtkugel von Energie. Wiederhole in deinen Gedanken deine G3-Affirmation: „Ich mache…“ und öffne dabei die Arme, um dein Ziel in

Empfang zu nehmen. Sprich deine G3-Affirmation laut und voller Vertrauen aus. Mach eine weitere Vierteldrehung, so dass du dich wieder in deiner Ausgangsposition befindest. Lass die drei Lichtkugeln in deinen Gedanken zu einer Kugel verschmelzen und sei dankbar für das, was IST.

Jedes Kerndreieck unterstreicht also drei ergänzende (komplementäre) Bewusstseinsaspekte desselben Ziels. Diese drei zentralen Aspekte des SEINS passen, wie ein dreibärtiger Schlüssel, alle in dasselbe Schlüsselloch.

Sind diese Aspekte aufeinander und auf dein Ziel abgestimmt, bist du vollständig kohärent. Die Kerndreiecke bieten dir drei wesentliche Vorteile:

1. Du fokussierst haarscharf dein Ziel.
2. Du entwickelst eine optimale Kreationskraft.
3. Du erzielst bessere Ergebnisse mit weniger Anstrengung.

Praxisbeispiele

Eine 27-jährige Frau, die unter Bindungsängsten litt, suchte mich auf Empfehlung ihrer Schwägerin auf, da sich ihre Partnerbeziehung in einer tiefen Krise befand. Sie lebte mit ihrem Partner in einer festen Beziehung, nicht aber in einer gemeinsamen Wohnung. Keine Woche verging ohne Streit mit ihrem Freund. Ihre Jugendzeit war schwierig gewesen. In ihren ersten drei Lebensjahren hatte ihre Mutter ihr viel Aufmerksamkeit geschenkt. Als ihr Vater die Familie in ihrem dritten Lebensjahr wegen eines Verhältnisses mit einer fünfzehn Jahre jüngeren Arbeitskollegin verließ, traten einschneidende Veränderungen ein. Ihre Mutter konnte ihren Kummer über die Scheidung nicht verwinden und verfiel in Depressionen. Von dieser Zeit an erhielt sie immer weniger Aufmerksamkeit von ihrer Mutter. Nun schien sich in ihrer eigenen Beziehung ein ähnliches Drama zu wiederholen. Es gab zwischen ihr und ihrem Freund seit Monaten kein Intimleben und keinen Zärtlichkeitsaustausch mehr. Dieser fühlte sich zurückgestoßen und stand selbst kurz davor, sich von ihr zu trennen. Im Verlauf der Intake-Sitzung wurde ihr Ziel sofort deutlich: „Ich will wieder eine gute, intime Beziehung mit meinem Freund führen." Die stärksten Affirmationen auf ihrer Kohärenzliste lauteten:

Liste 5: „Ich bin glücklich mit meiner langjährigen Beziehung!"
Liste 6: „Ich fühle vollkommene Hingabe."
Liste 7: „Ich streichele meinen Freund."

Ihr persönliches Kerndreieck zum Thema Bindungsangst setzte sich daher wie folgt zusammen: „Ich bin glücklich mit meiner langjährigen Beziehung!" (G1) – „Ich fühle vollkommene Hingabe." (G2) – „Ich streichele meinen Freund." (G3).

Ich stellte ihr die Aufgabe, täglich mit ihrem Kerndreieck zu visualisieren, dass sie wieder in einer liebevollen Beziehung mit ihrem Freund stehe. Einen Monat später rief sie mich an und bedankte sich. Die Beziehung zwischen ihr und ihrem Partner habe sich verbessert, und sie hätten bereits seit drei Wochen nicht mehr gestritten. Falls diese Situation weiterhin Bestand haben sollte, wollten sie sogar in eine gemeinsame Wohnung ziehen.

Mein zweites Beispiel betrifft einen 35-jährigen Geschäftsführer eines Bauunternehmens, der mich im Dezember 2007 aufsuchte. Sein Unternehmen erzielte seit drei Jahren Gewinne, und er hatte innerhalb kurzer Zeit zwei Angebote erhalten, mit einem größeren Bauunternehmen zu fusionieren. Er wollte wissen, welches der beiden Angebote das bessere sei. Es war sein Traum, durch die Zusammenarbeit mit geeigneten Menschen viel Geld in einem entspannten Umfeld zu verdienen. Ich schlug ihm ein Experiment vor, dem er zustimmte. Wir beschlossen, ein Kerndreieck in der Hoffnung zu erstellen, mit dessen Hilfe das kohärenteste Angebot vielleicht von selbst zu finden. Sein Kerndreieck war: „Ich bin erfolgreich." (G1) – „Ich fühle Freiheit." (G2) – „Ich treffe die richtige Entscheidung." (G3). Die Visualisierung mit dem Kerndreieck zum ersten Angebot zeigte eine überraschende Wirkung. Denn als ich ihn während der Visualisierung bat, an das erste Angebot zu denken, begann er sich unwohl zu fühlen. „Ich weiß nicht warum", sagte er, „aber ich habe immer das Gefühl, dass etwas nicht stimmt." Die zweite Visualisierung schien erfolgreicher. Er fühlte sich durchweg gut und es entstand in ihm der Eindruck, das hänge mit dem zweiten Angebot zusammen.

Während der Nachbesprechung beschloss er, NICHT auf das erste Angebot einzugehen. Rückblickend hatte er damit eine glückliche Entscheidung getroffen, denn ein halbes Jahr später drangen Tatsachen über das erste Unternehmen an die Öffentlichkeit, die zweifelsfrei darauf hinwiesen, dass dieses Baubetrug im großen Stil betrieb. Bis heute ist mir dieser Mann dankbar, dass ich ihm geholfen habe, die richtige Entscheidung zu treffen.

Ein drittes Beispiel. Im Februar 2008 empfing ich in meiner Praxis eine Mutter, die Probleme mit ihrer 16-jährigen Tochter hatte, mit der sie ihrer Erzählung nach immer ein sehr enges Verhältnis gehabt hatte. Das änderte sich, nachdem sie sich von ihrem Ehemann hatte scheiden lassen. Ihre Tochter wurde immer stiller und zog sich immer häufiger in ihr eigenes Zimmer zurück. Als die Mutter dann noch eine Beziehung mit einem anderen Mann begann, war für ihre Tochter das Maß voll. Die Stimmung im Hause wurde angespannt und abweisend.

Ich hörte ihrer Schilderung aufmerksam zu und fragte sie, was ihr größter Schmerz sei. „Was für mich das Schlimmste ist“, antwortete sie schluchzend, „ist meine Befürchtung, dass ich keine gute Mutter gewesen bin!“ Ihr tiefster Wunsch sei, dass sich ihre Beziehung mit ihrer Tochter wieder normalisiere. Wir beschlossen, ein Kerndreieck zu erstellen, das einen Einblick in ihre Problematik vermitteln sollte. Sie kam nicht viel weiter als zu den folgenden negativen Affirmationen: „Ich bin eine schlechte Mutter.“ (G1), „Ich fühle tiefen Kummer.“ (G2) und „Ich vernachlässige den Haushalt.“ (G3). Es fiel ihr schwer, etwas Positives über sich zu finden. „In Ordnung“, erwiderte ich, „drehe deine Aussagen nun einmal um. Schreibe für jede negative Affirmation das Gegenteil auf!“ Nach einigem Zögern erstellte sie das folgende Kerndreieck: „Ich bin eine gute Mutter.“ (G1) – „Ich fühle Freude.“ (G2) – „Ich kümmere mich um den Haushalt.“ (G3). Ich gab ihr die Aufgabe, täglich ihren Herzenswunsch durch intensives Visualisieren mit ihrem Kerndreieck zu fokussieren. Sie erzählte mir später, die ersten Tage sei nichts geschehen, nach einer Woche aber habe ein offenes Gespräch mit ihrer Tochter zu einer Annäherung geführt. Sie hätten ihre jeweiligen Kränkungen und Verärgerungen ehrlich ausgesprochen. Das habe zu einer enormen Entspannung der Atmosphäre und einem langsam wieder angenehmer werdenden Zusammenleben geführt.

Was tun, wenn es misslingt?

Nicht jeder erstellt einfach so drei Listen mit positiven Affirmationen. Alles hängt davon ab, ob die Grundfrequenz deines Bewusstseins oder deiner Lebenseinstellung überwiegend positiv (konstruktiv) oder negativ (destruktiv) ist.

Es gibt kein Sonnenlicht ohne Schatten, und ebenso gibt es keinen Menschen ohne Schattenseiten oder Widerstände. Es ist vollkommen normal, dass du während des Kreationsprozesses auf innere Widerstände stößt. Das Ego basiert auf Angst und Selbsterhaltung und widersetzt sich daher Veränderungen. Die Erkundung von unbekannten Horizonten außerhalb des vertrauten Rahmens ist sowohl spannend als auch bedrohlich und erfordert Mut. Bei den meisten Menschen überlagern die Widerstände des Egos (wie Unglaube, Zweifel, Passivität, Faulheit, Vorbehalt, Verdrießlichkeit, Verärgerung, Unfrieden, Enttäuschung, Zorn, Ohnmacht, Angst und so weiter) faktisch das Verlangen nach einem besseren Leben. *Die gute Nachricht ist, dass du mit diesem Buch ein wirksames Instrument für das Erkennen und Auflösen von Egowiderständen in den Händen hältst!*

Der Umgang mit Widerständen oder Schattenseiten unterteilt sich in drei Phasen:

1. *Selbstprüfung*, das Erkennen des Widerstandes, der Blockade, der Stagnation oder des Problems. Du fasst es in Worte, ohne es zu verurteilen. Du begreifst, womit du es zu tun hast und wie es entstanden ist.

2. *Akzeptanz*, allerdings mit der notwendigen Unterscheidung zwischen mentaler oder rationaler sowie gefühlsmäßiger oder emotionaler Akzeptanz. Findet die Akzeptanz nur im Kopf statt, lässt du dem Leid oder Trauma einen Raum. Obwohl es dir eine gewisse Ruhe gibt, wirst du deine negativen Gefühle und eingefahrenen Reaktionsmuster dadurch nicht los. Nur mit einer Akzeptanz des Herzens, also einer liebevollen Umarmung dessen, was IST (und zwar gleichgültig, ob es positiv oder negativ ist), kreierst du einen Raum, in dem innerer Friede aufblühen kann.

3. *Loslassen* der Gefühle und Gedanken, die auf natürliche Weise in deinem Bewusstsein entstehen. Dieses Loslassen erfolgt von selbst, nachdem du diese Gedanken und Gefühle vollständig zugelassen und ausgedrückt hast. Je schneller du sie zulässt, desto schneller lässt du sie auch wieder los. Dadurch kreierst du Raum für neue Erfahrungen.

Eine der häufigsten Quellen für Verärgerung und Stress ist das Unvermögen, die Welt so zu akzeptieren, wie sie ist. Dieses Unvermögen kostet viel Energie und führt zu nichts. Ob es dir gefällt oder nicht, sind die Dinge nun einmal so, wie sie sind. Akzeptiere, dass du vielleicht nicht immer die Person bist, die du gerne sein möchtest. Akzeptiere, dass auch andere Menschen nicht so sind, wie du sie gerne hättest. Eine Birke wird nicht zur Eiche, und eine Frau nicht zum Mann. Wer bist du, dass du bestimmen willst, welche Normen und Werte andere zu erfüllen haben?

Richte deine Aufmerksamkeit daher auf deine innere Schönheit und die Schönheit in anderen. Lass alles, was dich ablenkt, links liegen und fokussiere dein Ziel. Je mehr du deine Aufmerksamkeit auf dein Hauptziel richtest, also auf das *Endergebnis* deiner Kreationsprozesse, desto weniger Probleme wirst du mit Widerständen haben. Denn alles, dem du deine Aufmerksamkeit widmest, wird stärker. Darum ist es empfehlenswerter dir vorzustellen, wie dein Ziel beschaffen ist, wenn du es ungehindert verwirklichen kannst! Sollte dich das nicht weiterbringen, dann informiere dich im Anhang über eine für dich geeignete Therapieform.

Genieße deinen Erfolg

Manchmal treten besondere Ereignisse ein, und der Erfolg fällt dir plötzlich in den Schoß. Du gewinnst im Lotto oder findest einen Haufen Geld. Das sind aber ausgesprochene Ausnahmefälle. Du kannst dich fragen, ob es Zufall war oder es dir durch das, was du kreiert hast, zufällt. Die Antwort darauf spiegelt deine eigene Sichtweise wider und besitzt keine universelle Gültigkeit. Auch wenn dir das Glück manchmal im buchstäblichen wie übertragenen Sinne in den Schoß fällt, ist es jedoch in den meisten Fällen die Ernte dessen, was du gesät hast. Was du mit Disziplin, Beharrlichkeit, Hingabe und grenzenlosem Vertrauen verwirklicht hast, erweist sich meistens als wertvoller als das, was dir einfach so in den Schoß fällt.

Endlich ist es so weit. Das Glück lacht dir zu. Und während du deinen wohlverdienten Erfolg genießt, freut sich anderswo eine stolze Mutter über die Geburt ihres Kindes, erhält ein Musiker eine Goldene Schallplatte, übertrifft ein Sänger sich selbst auf einer Bühne, eröffnet ein Maler seine Ausstellung, genießt ein Schriftsteller seinen Bestseller, stellt ein Zeichner seine Zeichnung fertig, heilt ein Therapeut eine schwere Krankheit, gelingt einem Architekten ein genialer Entwurf, gewinnt ein Rechtsanwalt einen Prozess, macht ein Erfinder eine neue Erfindung, wird ein Manager befördert, wird ein Regisseur hochgelobt, zeigt ein Tänzer eine sensationelle Performance, erhält ein Schauspieler eine Filmrolle, steigt ein Sportler auf das Siegerpodest, erhält ein Redner stehende Ovationen und bezwingt ein Bergsteiger den Mount Everest.

Der Augenblick, den du ersehnt hast, ist gekommen. Genieße deinen Erfolg in vollen Zügen und ohne Schuldgefühle. Sei nicht bescheiden, ängstlich oder frustriert. Es ist *dein* Erfolg. Löse alle Bremsen, entspanne dich von Kopf bis Fuß. Das

Leben lacht dir zu. Feiere Feste, amüsiere dich, und sei vor allem du selbst! Es gibt bereits so viele andere!

Der Kreis ist nun geschlossen. Du findest Einkehr in der Stille und Ruhe für neue Inspiration und Energie. Der Kreislauf vom Traum zur Verwirklichung endet, wo er begonnen hat. Wie der Rhythmus von Tag und Nacht und der Kreislauf der Jahreszeiten. Selbst wenn du allen Erfolg der Welt hast, musst du ihn in einem bestimmten Moment wieder loslassen. Warte nicht mit dem Leben, bis es zu spät ist. Kreiere, was immer du willst, genieße es und lasse es wieder los. Schaffe Raum für neue Kreationen.

Lebe JETZT oder nie. Bis der Kreislauf geschlossen ist.

Anhang

Das Thema dieses Buches besteht darin, im JETZT dein Glück zu finden. Denn wenn du das Glück nicht im JETZT findest, dann findest du es nie. Heute nicht, morgen nicht, niemals. Hast du Glück erst einmal im JETZT gefunden, dann findest du auch inneren Frieden. Aus diesem Frieden und Glück im JETZT können Wünsche und Verlangen entstehen, die du in der Zukunft erfüllen willst. Warte darum nicht, bis du alles perfekt vorbereitet hast. Warte nicht, bis du fehlerfrei bist. Mach einfach den ersten Schritt und hole das **Beste** aus dir heraus.

Während des Verwirklichens deiner Wünsche läufst du dich manchmal fest. Die Gründe dafür können Hindernisse oder Widerstände sein. Diese kannst du am besten mit einer Therapie auflösen, die dir ein gutes Gefühl vermittelt. Dieser Abschnitt beschreibt in kurzen Worten einige Therapieformen, die hilfreich für dich sein können.

Gesprächstherapie (G1)

Diese Form der Therapie vermittelt einen Einblick in deine Qualitäten, Wünsche und dein Verlangen sowie die Widerstände oder Blockaden, die der Entwicklung oder Umsetzung dieser Qualitäten, Wünsche und deines Verlangens im Wege stehen. Gespräche unterstützen vor allem Menschen, die noch nicht genau wissen, wie sie beschaffen sind, ob bei ihnen das

Denken oder der Verstand im Vordergrund steht (G1). Ihnen bieten sie die Möglichkeit, Klarheit und Selbsterkenntnis zu erlangen. Die echten Fühler haben bei Gesprächstherapien häufig das Gefühl, dass es diesen an einem gewissen Tiefgang mangelt.

Emotionale Körperarbeit (G2)

Das Kernziel der Emotionalen Körperarbeit ist, die Kontaktaufnahme mit unterdrückten Gefühlen wieder zu erlernen. Jeder Mensch unterdrückt bestimmte Gefühle, die nicht in das Bild passen, das er der Außenwelt von sich vermitteln will. Wer sich der Außenwelt als eine freundliche und geduldige Person darstellen möchte, wird seinen Zorn und seine Ungeduld unterdrücken. Emotionale Körperarbeit unterstützt das Zulassen von versteckten Emotionen und Gefühlen. Seine Gefühle wieder frei aus dem Körper fließen zu spüren kann befreiend wirken. Diese Therapie eignet sich vor allem für die Fühler, bei denen das Gefühl im Mittelpunkt steht (G2). Die echten Denker haben Schwierigkeiten damit, bei der Emotionalen Körperarbeit ihren Gefühlen freien Lauf zu lassen. Sie empfinden diese Therapie als zu unbeherrscht und konfrontierend.

Verhaltenstherapie (G3)

In dieser Therapieform steht das Verhalten des Menschen im Mittelpunkt. Sie zielt auf das Erlernen von Verhaltensmustern ab, die bestehende Beschwerden oder Probleme lösen oder verringern können. In der Praxis ist diese Therapie meistens ein langer, mühsamer Weg. Verhaltensmuster bilden ein zweites Wesen und sind eng verknüpft mit der Persönlichkeitsstruktur und dem Charakter. Die echten Macher (G3) haben die größten Aussichten, einen Nutzen aus dieser Therapie zu ziehen.

Journey-Therapie

Die Journey-Therapie, auch die „Heilende Reise" genannt, ist eine der wirksamsten mir bekannten Therapien für die Auflösung von emotionalen, mentalen und physischen Blockaden. Entwickelt wurde sie von Brandon Bays, nachdem sie sich selbst von einer Krebserkrankung geheilt hatte. Diese Therapie arbeitet auf der Ebene des Zellgedächtnisses. Sie ist ein schneller und zielgerichteter Weg zur meist dauerhaften Auflösung von chronischen Krankheiten und inneren Konflikten. Denken wir an Beispiele wie Depression, Burnout-Syndrom, Stimmungsschwankungen, Ängste, Beziehungsprobleme, Kopf-, Magen- oder Rückenschmerzen. Meine Ausbildung zum anerkannten, zugelassenen Journey-Therapeuten habe ich bei Brandon in England absolviert. Die „Heilende Reise" ist aufgrund ihrer starken Heilkraft die Haupttherapie in meiner Praxis. Sie eignet sich sowohl für den Denker als auch den Fühler und Macher. Für einen Einblick in die tiefgreifende und häufig dauerhafte Wirkung der Journey-Therapie lasse ich an dieser Stelle einen meiner Klienten zu Wort kommen, dessen Namen ich zum Schutz seiner Privatsphäre nicht nenne.

„Als Eisschnellläufer der Nationalmannschaft habe ich erfahren können, wie die Journey-Therapie zur Verbesserung meiner Leistungsfähigkeit beigetragen hat. Spitzensportler arbeiten ständig daran, sich zu verbessern und besser kennen zu lernen. Man sucht nach der maximalen Fähigkeit und optimalen Umsetzung dieser maximalen Fähigkeit. Das gilt sowohl für die körperliche als auch mentale Ebene. Bist du bei-

spielsweise körperlich der Stärkste, aber mental nicht im Gleichgewicht, sind deine Siegesaussichten im Wettkampf gering. Körper und Geist müssen für das Abrufen einer Spitzenleistung daher gut aufeinander abgestimmt sein. Die Gründe, aus denen ich mit der heilenden Reise in Berührung gekommen bin, stehen damit in Verbindung. Ich besaß wenig Selbstvertrauen, obwohl ich viel Kraft in mir hatte und mich sehr stark fühlte. Ich hatte das ständige Gefühl, nicht alles aus mir herausholen zu können, da ich in Gedanken davon überzeugt war, dass die anderen eigentlich viel besser seien als ich. Damit blockierte ich mich selbst. Ich konnte nicht abrufen, was eigentlich in mir steckte. Im Verlauf der heilenden Reise erkannte ich, dass diese Überzeugung ihre Wurzeln in der Vergangenheit hatte. Jemand hatte mir, als ich noch sehr jung war, gesagt, ich habe eigentlich kein Talent. Während der heilenden Reise habe ich diese Situation noch einmal durchlebt. Ich konnte alles aussprechen, was mich blockierte, und habe dieser Person letztlich verzeihen können.

Seit dem fühle ich mich wesentlich freier, respektiere mich so, wie ich bin, und sehe die Kraft, die in mir steckt. Früher dachte ich zwar, dass ich es kann, aber jetzt ***fühle*** *ich es tatsächlich. Nun zeigt mein Körper meinem Kopf, dass ich es kann, und nicht umgekehrt. Ich gewinne mittlerweile Rennen, die ich früher nie gewinnen konnte.“*

Hintergrundinformationen

Falls du nicht tiefer in diese Materie eindringen möchtest, kannst du diesen Abschnitt überspringen. Er enthält ausschließlich Hintergrundinformationen zum Thema dieses Buches und behandelt die Essenz des Kreierens. Beeinflusst du als Mensch dein Leben oder beeinflusst das Leben dich, und bist du deinem Schicksal ausgeliefert? Im ersten Fall bist du der Schöpfer deines Lebens, im letzten Fall ein Spielball unendlich vieler Faktoren wie Erbanlage, Erziehung und Umfeld. Kurz: Wer kreiert nun eigentlich was?

Freier Wille

Das bringt uns zu der Frage des freien Willens. Wieweit besitzt du die Freiheit, das zu kreieren, was du kreieren willst? Eine vollkommene Kreationsfreiheit setzt zuerst voraus, dass du die eigene Wahl hast, was genau du kreieren willst. Denn wenn deine Wahl vorausbestimmt wird durch das Schicksal, dein „Karma" oder deine Vorbestimmung, kann man dann noch von einer freien Wahl sprechen? Betrachten wir einmal näher die Fakten. Die Beschaffenheit deines Lebens ist die Folge einer Aneinanderreihung von Wahlentscheidungen. Viele Menschen empfinden es als einen beruhigenden Gedanken, in jedem Moment bewusst das Leben wählen zu können, das sie gerne führen möchten. Ist das aber wirklich der Fall?

Die wissenschaftlichen Forschungen des Neurophysiologen Benjamin Libet und anderer deuten auf das Gegenteil hin. Die Ergebnisse seiner Experimente zeigen, dass unser Gehirn beim

Treffen einer bewussten Wahl durchschnittlich 550 Millisekunden (= rund eine halbe Sekunde!) früher mit seinen Vorbereitungen beginnt. Der Zeitpunkt der Wahl beginnt mit anderen Worten bereits vor dem Treffen einer „bewussten Wahl". Der Vollständigkeit halber muss hinzugefügt werden, dass die Experimente ebenfalls unser Vermögen aufzeigten, eine sich in der Vorbereitungsphase befindliche Wahl im letzten Moment abbrechen zu können. Libet glaubte zwar, hiermit den „freien Willen" nachgewiesen zu haben, aber eine schlüssige Erklärung war das nicht. Sie hinterlässt in uns das unangenehme Gefühl, dass „etwas" in unserem Gehirn bereits eine vorbestimmte Richtung wählt, bevor diese Wahl bis in unser Bewusstsein vordringt.

Daher können wir nicht länger von eine *bewussten Wahl*, sondern müssen vielmehr von einer *unbewussten Wahl* sprechen. Wenn wir davon ausgehen, eine Wahl müsse per Definition bewusst sein, dann ist die unbewusste Wahl eine *contradictio in terminis* (ein Widerspruch in sich). Haben wir erst einmal gewählt, was wir kreieren wollen, dann ist der Zeitpunkt gekommen, diese Wahl in die Praxis umzusetzen. Dieses Buch beschreibt die dazu notwendigen Hilfsmittel und gibt praktische Ratschläge.

Die Verwirklichung von Wünschen bedeutet, das zum Vorschein zu bringen, was im Universum bereits als Möglichkeit vorhanden ist. Du wählst aus der Welt der unbegrenzten Möglichkeiten eine Möglichkeit aus, die du verwirklichst. Wie genau funktioniert das? Ist darin eine Beeinflussung eingeschlossen, und wenn ja, in welcher Form? Ist es vorbestimmt, und wenn das tatsächlich so sein sollte, wo bleibt dann der freie Wille? Oder basiert der gesamte Kreationsprozess auf einer besonderen Art von Zufall und ist die gesamte Verwirklichung nichts weiter als ein genialer Zufallstreffer?

Kohärentes Kreieren

Die 3G-Methode basiert auf dem Prinzip des kohärenten Kreierens. Der Begriff „Kohärenz“ ist in der Naturwissenschaft gebräuchlich als Hinweis auf mögliche Interferenzen von Wellen. Es gibt zwei Arten der Interferenz:

1. Eine „konstruktive Interferenz“ ist das Phänomen von zwei sich gegenseitig verstärkenden Wellenfeldern mit identischen Phasen. Dadurch wird die Amplitude (= der Ausschlag) des neuen Wellenfeldes verdoppelt.
2. Eine „destruktive Interferenz“ ist das Phänomen von zwei sich gegenseitig auslöschenden oder entgegenwirkenden Wellenfeldern. Dieser Fall kann nur bei einer präzisen halben Phasenverschiebung eintreten. Erreicht ein Wellenfeld präzise zu dem Zeitpunkt seine Spitzenfrequenz, zu dem das andere Wellenfeld seine Niedrigstfrequenz erreicht, hebt das erste Wellenfeld die Niedrigstfrequenz auf. Die Wellenfelder neutralisieren sich, so dass keine Welle mehr feststellbar ist. Die Welle erlischt. Das Phänomen der konstruktiven und destruktiven Interferenz wird deutlich sichtbar, wenn man zwei Kieselsteine gleichzeitig ins Wasser wirft. Man erkennt, dass die kleinen Wellen an manchen Stellen größer werden (konstruktive Interferenz) und an anderen Stellen erlöschen (destruktive Interferenz).

   Interferenz tritt auch bei Licht auf. An Stellen, an denen sich zwei Lichtwellen verstärken, wird das Licht heller, während es an Stellen dunkel wird, an denen sich zwei Lichtwellen gegenseitig auslöschen.

Es besteht eine auffällige Übereinstimmung zwischen kohärentem Kreieren und konstruktiver Interferenz.

Alles deutet stark darauf hin, dass sich das Bewusstsein aus Wellenfeldern mit unterschiedlichen Frequenzen aufbaut. Unsere Gedanken haben beispielsweise andere Wellenfelder als unsere Gefühle, während unser Verhalten in unserer Umgebung und in uns selbst wiederum andere Wellenfelder erzeugt. Die Wechselwirkung zwischen diesen Wellenfeldern bestimmt deinen Einfluss auf die Ergebnisse deiner Kreationsprozesse. Sie bestimmt deine Auswirkung auf andere Menschen und deine Umwelt. Wenn du beispielsweise das Gefühl hast, du seist ein brillanter Schachspieler, aber *eigentlich* denkst, du seist wertlos, dann entkräftet dein Verstand dein Gefühl. Verstand und Gefühl arbeiten dann gegeneinander. Diese Situation ist vergleichbar mit einer destruktiven Interferenz. Deine Gedanken (G1) sind nicht abgestimmt auf deine Gefühle (G2) und die dazugehörigen Reaktionen deines Körpers (G3). Dadurch bist du inkohärent und verringerst deine Erfolgsaussichten.

Bist du dagegen überzeugt, ein brillanter Schachspieler zu sein, und hast darüber hinaus das Gefühl, der beste (oder einer der besten), besteht bereits eine Zusammenarbeit zwischen Denken und Fühlen. Beide verstärken sich gegenseitig als eine Form von konstruktiver Interferenz. Deine Gedanken (G1) sind abgestimmt auf deine Gefühle (G2), und dein Körper wird zum richtigen Handeln angeregt (G3). Dadurch bist du kohärent und maximierst deine Erfolgsaussichten!

Kohärentes Kreieren verschmilzt dein Bewusstsein auf den drei Ebenen zu einer Einheit, die optimal zusammenarbeitet. Wie erreichst du das? Nehmen wir als Beispiel drei Boote, die nahe nebeneinander im Wasser liegen. In einem der Boote sitzt ein Ruderer. Je mehr dieser Ruderer sein Boot schaukelt, desto stärker werden die dadurch erzeugten Wellen, die ein Schaukeln der anderen beiden Boote auslösen. So arbeitet auch dein

Bewusstsein: Je enthusiastischer du dein Ziel angehst, desto mehr Menschen, die dir helfen wollen, versammeln sich um dich. Es entsteht ein Kohärenzfeld, das immer mehr gleichgesinnte Menschen anzieht.

Seit Albert Einstein die Welt mit seiner *Relativitätstheorie* überraschte, hat sich unser Weltbild dramatisch verändert. Es ist und bleibt ein revolutionärer Gedanke, dass Energie niemals verloren geht. Materie ist eine andere Erscheinungsform von Energie und umgekehrt. Ausgedrückt wird dieses Phänomen in der berühmten Formel: $E = mc^2$ (Energie ist gleich Masse mal Lichtgeschwindigkeit zum Quadrat). Jeder Mensch besteht aus Energie, die sich für die Sinnesorgane in stofflicher Form (als Körper) manifestiert. Daher besteht zwangsläufig eine lebendige Wechselwirkung zwischen allen Menschen sowie der Gesamtheit des Universums. Diese Wechselwirkung besteht sowohl auf der (großen, interstellaren) makrokosmischen als auch der (kleinen, subatomaren) mikrokosmischen Ebene.

Quantenmechanik

An dieser Stelle möchte ich näher auf eine relativ junge Richtung innerhalb der Naturwissenschaft eingehen: die Quantenmechanik. Diese beschäftigt sich mit der Erforschung des Verhaltens von subatomaren Teilchen. Diese „Teilchen" (oder besser gesagt Wahrscheinlichkeiten oder Möglichkeiten) sind kleiner als das Atom. Ihre Größe ist so gering, dass sie selbst unter einem gewöhnlichen Mikroskop unsichtbar bleiben, mit einem Elektronenmikroskop aber „wahrgenommen" werden können. Dieses macht Strukturen mit einer Abmessung von einem Millionstel Millimeter (ein Nanometer) sichtbar. Ich habe das Wort „wahrgenommen" zwischen Anführungszeichen gesetzt, da es in der Quantenmechanik nicht mehr eindeutig ist, was wir unter Wahrnehmung zu verstehen haben.

Auf der Mikroebene gelten vollkommen andere Regeln und Gesetze als in der klassischen Naturwissenschaft, die auf den Erkenntnissen von Isaac Newton basiert. Der amerikanische Naturwissenschaftler Richard Feynman sagte einmal, man verstehe wenig oder nichts von der Quantenmechanik, sobald man sie zu verstehen glaube.

Während die klassische Newtonsche Naturwissenschaft von einer objektiven Wirklichkeit ausgeht, die tatsächlich außerhalb von uns existiert, spricht man in der Quantenmechanik von einer kohärenten Superposition. Diese bezeichnet die quantenmechanische Eigenschaft, dass sich ein System auf subatomarer Ebene gleichzeitig in allen seinen möglichen Zuständen befinden kann. Es ist schwierig, sich darunter etwas vorzustellen. Nur wenige Menschen haben in nüchternem Zustand gesehen, dass ein Weinglas gleichzeitig halb voll und halb leer war! Trotzdem ist die subatomare Welt eher eine relative Welt von Chancen und Möglichkeiten als eine absolute Welt von feststehenden Dingen.

Die *Unschärfenrelation* von Heisenberg ist dazu ein gutes Beispiel. Damit ein Elektron (ein subatomares Teilchen) unter einem Elektronenmikroskop sichtbar gemacht werden kann, ist Licht notwendig. Ohne Licht sieht man nichts, auch kein Elektron. Das Problem besteht nun darin, dass Elektronen so klein sind und nur durch Gammastrahlen (das Licht mit der kürzesten Wellenlänge) sichtbar gemacht werden können. Die hohe Frequenz von Gammastrahlen ist aber wiederum ihr Nachteil. Durch ihre hohe Schwingungsgeschwindigkeit „drängt“ es das Elektron, das sie sichtbar machen will, aus seiner Bahn, wodurch sich die präzise Position des Elektrons nicht mehr eindeutig bestimmen lässt. Eine mögliche Lösung für dieses Problem ist der Einsatz von sichtbarem Licht. Da dieses eine niedrigere Frequenz als Gammastrahlen hat, wird das Elektron während seiner Sichtbarmachung nicht zusätzlich von seiner Position „verdrängt". Die Bestimmung der Position des wahrgenommenen Elektrons wird dadurch ein wenig einfacher. Da Licht jedoch eine größere Wellenlänge als Gammastrahlen hat, kann das Elektron nicht sichtbar gemacht werden.

Daher besteht auch keine Möglichkeit, gleichzeitig die Position und die Geschwindigkeit (d. h. den Impuls, Masse mal Geschwindigkeit) des Elektrons zu bestimmen. Es hängt also vom Testaufbau ab, welche Eigenschaften des Elektrons wir wahrnehmen: Position oder Impuls. Beides gleichzeitig ist unmöglich!

Mit anderen Worten: Alles, was wir auf subatomarer Ebene wahrnehmen, ist abhängig von der Wechselwirkung zwischen unserer Art der Wahrnehmung und des von uns wahrgenommenen Systems. Es bietet sich an, diese Erkenntnis auf uns selbst als Wahrnehmende der von uns wahrgenommenen Welt zu übertragen. Obwohl die Intuition höchstwahrscheinlich die einzige Folgerung daraus ist, müssen wir vorsichtig sein, keine übereilten Schlussfolgerungen zu ziehen. Denn wir wissen sehr gut, dass wir die Welt nicht durch ein Elektronenmikroskop, sondern den Filter unserer fünf Sinnesorgane betrachten. Das widerspricht nicht der untrennbaren Beziehung, die zwischen dem Wahrnehmer und dem Wahrgenommenen besteht. Ohne Wahrnehmer gibt es keine Wahrnehmung, und ohne Wahrnehmung keine Wirklichkeit.

Eine *conditio sine qua non* (unverzichtbare Voraussetzung), damit man von einer Wirklichkeit in welcher Form auch immer sprechen kann, ist die Wahrnehmung dieser Wirklichkeit an einem bestimmten Ort durch „etwas“ oder „jemanden“. *Wie* diese Wirklichkeit aussieht, lässt sich nicht von den Instrumenten trennen, mit denen man sie wahrnimmt. Nennen wir es die Brille, durch die man sieht. Diese Schlussfolgerung gilt auch für deine eigene Wirklichkeit, das heißt die Wirklichkeit deines Alltags. Was du wahrnimmst, wie deine Welt also aussieht, ist untrennbar verbunden mit deiner Art der Wahrnehmung, also *wie* du wahrnimmst.

Diese Ausführungen führen uns wieder zurück zur Essenz des Kreierens. Wie funktioniert der Kreationsprozess auf der subatomaren Ebene, und wer ist der Kreierende? Auf der allerkleinsten Ebene löst sich die Illusion eines fest umrissenen Körpers auf. In der subatomaren Welt sind wir nichts weiter als Wahrscheinlichkeitswellen, die sich durch einen leeren Raum bewegen. Da folglich auch keine festen Teilchen an fest umrissenen Positionen bestehen, können wir uns selbst vielleicht noch besser als eine *non-lokale (nicht ortsgebundene) Präsenz im leeren Raum* beschreiben. Sollte auch nur ein Fünkchen Wahrheit in der Behauptung stecken, dass wir mit unserem Geist unseren Körper beeinflussen können, erfolgt diese Beeinflussung in jedem Fall auf der subatomaren Ebene.

Kohärentes Kreieren ist die Kunst, einen Zugang zur subatomaren Welt zu erhalten und in ihr die gewünschten Veränderungen zu erzielen, die sich in der „gewohnten“ Welt widerspiegeln, in der wir uns heimisch fühlen und mit der wir uns identifizieren. Es versteht sich von selbst, dass in der Quantenmechanik keine gewohnte Welt mehr besteht.

Die Instrumente, mit denen du deine Welt kreierst, sind deine Gedanken (G1), deine Gefühle, deine Sinnesorgane (G2) und deine Handlungen (G3). Diese bestimmen die Beschaffenheit deiner Welt, die du als Wirklichkeit betrachtest.

Du – und ausschließlich du – bestimmst mit deinem Bewusstsein, in welcher Welt du lebst. Diese kann eine destruktive Welt voller Unglück, Armut, Hass, Krieg und Elend sein, aber auch eine kohärente Welt, in der Erfolg, Reichtum, Liebe, Frieden und Harmonie den Ton angeben.

Es liegt an dir!

Literatur

Arntz, William, **Chasse**, Betsy und **Vicente**, Mark: *Bleep – An der Schnittstelle von Spiritualität und Wissenschaft – Verblüffende Erkenntnisse und Anstöße zum Weiterdenken* (Originaltitel: *What the Bleep do we (k)now?!*) 2006, VAK-Verlag, 2007

Bays, Brandon: *The Journey – Der Highway zur Seele – Anleitungen zur Selbstheilung und Selbsbefreiung*, 2006, Allegria Verlag, (Originaltitel: *The Journey*)

Bays, Brandon: *In Freiheit leben*, 2006, Allegria Verlag (Originaltitel: *Freedom is*)

Byrne, Rhonda: *The Secret – Das Geheimnis*, 2007, Arkana Verlag, (Originaltitel: *The Secret*)

Covey, Stephen R.: *Der 8. Weg. Von der Effektivität zur wahren Größe*, 2005, Gabal Verlag, (Originaltitel: *The 8th Habit. From Effectiveness to Greatness*)

Damasio, Antonio: *Der Spinoza-Effekt: Wie Gefühle unser Leben bestimmen*, 2004, List Verlag, (Originaltitel: *Looking for Spinoza – Joy, Sorrow and the Feeling Brain*)

Hicks, Esther und Jerry: *Wünschen und bekommen. Wie Sie Ihre Sehnsüchte erfüllen*, 2008, Ullstein Verlag, (Originaltitel: *Learning to Manifest your Desires*)

Libet, Benjamin, **Freeman**, Anthony und **Sutherland**, J. K. B., Herausgeber, *The volitional brain: Towards a neuroscience of free will*, 1999, Imprint Academic, ISBN 0-907845-50-9

Libet, Benjamin: *Mind Time: Wie das Gehirn Bewusstsein produziert*, 2005, Suhrkamp Verlag, (Originaltitel: *Mind Time: The temporal factor in consciousness*, 2004, Cambridge, MA: Harvard University Press, ISBN 0-674-01320-4

Mc Taggart, Lynne: *Das Nullpunkt-Feld – Die Suche nach der kosmischen Ur-Energie,* 2008, Goldmann Verlag, (Originaltitel: *The field – The Quest for the Secret Force of the Universe*)

Mc Taggart, Lynne: *Intention – Mit Gedankenkraft die Welt verändern*, 2007, VAK-Verlag, (Originaltitel: *The Intention Experiment – Use Your Thoughts to Change the World*)

Mohr, Bärbel: *Bestellungen beim Universum*, 2004, Omega Verlag, Aachen

Mohr, Bärbel: *Übungsbuch für Bestellungen beim Universum*, 2006, Omega Verlag, Aachen

Murphy, Dr. Joseph: *Die Macht Ihres Unterbewusstseins*, 2002, Ariston Verlag, Verlag Droemer/Knaur, (Originaltiterl: *The power of your subconscious mind*)

Ritchie, G. G.: *Rückkehr von morgen*, 1986, Uitgeverij Gottmer, Haarlem. (Originaltitel: *Return from tomorrow*)

Servan-Schreiber, Dr. David: *Anti-Krebs-Buch*, 2008, Kunstmann Verlag, (Originaltitel: *Anticancer*)

Tolle, Eckhart: *JETZT! – Die Kraft der Gegenwart – Ein Leitfaden zum spirituellen Erwachen*, 2000, J. Kamphausen Verlag, (Originaltitel: *The Power of Now – A Guide to Spiritual Enlightenment*)

Walsch, Neale Donald: *Gespräche mit Gott*, Bd. 1 bis 3, 2000, Goldmann Verlag, (Originaltitel: *Conversations with God: An Uncommon Dialogue*)

Wilson, Timothy: *Gestatten, mein Name ist Ich: Das adaptive Unbewusste – Eine psychologische Entdeckungsreise*, 2007, Pendo Verlag (Originaltitel: *Strangers to Ourselves: Discovering the adaptive unconscious*)

Zukav, Gary: *Die tanzenden Wu Li Meister*, 1984, Rowohlt Verlag (Originaltitel: *The dancing Wu-Li Masters: An Overview of the New Physics*)

Nachwort

Nachdem du dieses Buch vollständig durchgearbeitet hast, kannst du dich „Meister der Kreativität“ nennen. Mach in dieser Form weiter, bewahre dein Vertrauen auf das Ergebnis deiner enthusiastischen Hingabe, und dein Herzenswunsch wird sich mit Sicherheit erfüllen. Hast du dein höchstes Ziel auf fruchtbaren Boden gesät und mit den richtigen Werkzeugen bearbeitet? Dann wirst du dessen Verwirklichung mit Sicherheit auch ernten.

Abschließend wünsche ich dir viel Glück beim Kreieren und Wahrmachen deiner Träume. Du verdienst alles Glück und allen Erfolg dieser Welt.

Warum? Einfach, weil du es bist!

Mehr Informationen: www.ontdekjekracht.nl, www.3G-methode.nl oder www.3G-method.com.

Gute Ziele:

Jump: Dieser Jugendfonds der Niederländischen Herzstiftung setzt sich für Kinder und Jugendliche bis 18 Jahre mit oder ohne Herzfehler ein. Für Kinder und Jugendliche mit einem angeborenen Herzfehler organisiert Jump jährlich Ferienwochen, damit sie mit Leidensgenossen in ihrem eigenen Rhythmus miteinander spielen, Sport treiben, reden und lachen können. Diese Ferienwochen bieten ein Programm mit zahlreichen Aktivitäten, an denen sich jeder im Rahmen seiner körperlichen Belastungsfähigkeit beteiligen kann. Die wichtigsten Gründe für das Organisieren dieser Ferienwochen sind für Jump der Austausch von Erfahrungen und das Überwinden von Grenzen. Kinder und Jugendliche fühlen sich für eine gewisse Zeit nicht ausgegrenzt und sehen, wie andere mit ihrem Herzfehler umgehen.

Von der ersten Auflage dieses Buchs gehen 0,75 Euro eines jeden verkauften Exemplars an die Ferienwochen von Jump. Mit dem Kauf dieses Buchs tragen Sie also zu unbeschwerten Ferien von Kindern und Jugendlichen mit einem angeborenen Herzfehler bei!

www.heartjump.nl

Ärzte ohne Grenzen: Diese unabhängige, von praktizierenden Ärzten gegründete Nothilfeorganisation hilft Menschen in aller Welt ungeachtet ihrer Herkunft, Religion oder politischen Überzeugung. Im Vordergrund stehen das Retten von Leben und die medizinische Versorgung von Menschen, die Opfer von Katastrophen, Kriegen und Epidemien geworden sind. Durch das Versenden eigener Teams von Ärzten, Krankenpflegern und anderen Spezialisten in Einsatzgebiete ist Ärzte ohne Grenzen in der Lage, äußerst schnell und effizient zu arbeiten. Gemeinsam mit Mitarbeitern aus den betroffenen Ländern selbst leisten sie vor Ort eine direkte Unterstützung der Bevölkerung.

Im Jahr 1999 wurde die Organisation *Ärzten ohne Grenzen* für ihre medizinische Leistung und ihr Auftreten als Rechtsbeistand für in Not geratene Bevölkerungsgruppen mit dem Friedensnobelpreis ausgezeichnet.

Von der ersten Auflage dieses Buchs gehen 0,75 Euro eines jeden verkauften Exemplars an Ärzte ohne Grenzen. Mit dem Kauf dieses Buchs tragen Sie also zur lebensrettenden Arbeit dieser Organisation bei!

www.artsenzondergrenzen.nl

Weitere Bücher aus dem Verlag Via Nova:

Mach mehr aus deinem Leben!

20 Schlüssel, Ausstrahlung und Attraktivität zu verbessern

Frank Ihle

Paperback, 160 Seiten – ISBN 978-3-86616-126-9

Menschen sind oft unsicher im Umgang mit sich selbst und mit anderen, fühlen sich minderwertig und haben Probleme, einen passenden Partner, eine Partnerin zu finden. Der Autor Frank Ihle erforscht seit Jahren Möglichkeiten und Wege, wie Menschen ihre Lebensqualität steigern können. Er vermittelt in diesem Ratgeber und Arbeitsbuch seine Erfahrungen und Erkenntnisse, zeigt auf, wie man mit 10 „äußeren Schlüsseln" selbstbewusst sein Aussehen und Auftreten verbessern und mit 10 „inneren Schlüsseln" Charakter, Geist und Psyche, seine inneren Werte positiv entwickeln kann. Der Leser kann sich mit Hilfe dieses Ratgebers Kenntnisse erarbeiten, sie anwenden und entsprechende Verhaltensweisen und Einstellungen trainieren, um sie bis ins Unterbewusstsein hinein als Ausdruck und Ausstrahlung seiner Persönlichkeit zu festigen. Ein klarer Aufbau, eine deutliche, eindringliche, z. T. humorvolle Sprache erleichtern das Lesen.

Das Geheimnis der richtigen Schwingung

2. Auflage

Anleitung für ein wunder-volles Leben

Jill Möbius

Hardcover, 232 Seiten – ISBN 978-3-86616-000-2

Alles, so die Autorin, ist eine Frage von Schwingung und Resonanz. Auf fundierte und leicht verständliche Weise vermittelt dieses Buch, wie das Resonanzprinzip als grundlegendes Gesetz unsere Realität, unseren Körper und unser Schicksal prägt – und wie wir dieses Wissen spielerisch nutzen können, um ein erfülltes und erfolgreiches Leben zu gestalten: Wie es wirkungsvoll gelingt, die Realität im Voraus so zu programmieren, dass sich Wünsche erfüllen und sogar Wunder möglich werden; wie man effektive, kraftvolle Wege der Selbstheilung nutzt, um Gesundheit, Jugendlichkeit und Vitalität zu steigern; wie man inneren Frieden findet und es schafft, in jeder Situation in sich selbst zu ruhen; wie man seine Schöpferkraft wirksam einsetzt, um eine friedvolle globale Zukunft mit zu erschaffen. Viele wirkungsvolle Übungen ermöglichen die direkte Umsetzung der Erkenntnisse im Alltag. Ein unterhaltsames, praxisnahes Handbuch zur Steigerung des Bewusstseins, der Lebensfreude und Lebensqualität.

Kreative Wunscherfüllung

Die kosmischen und irdischen Gesetze des Wünschens

Hans Vater

Taschenbuch, 288 Seiten – ISBN 978-3-86616-093-4

Hans Vaters praktisches und zugleich tiefgründiges Weisheitsbuch gibt Methoden und Techniken an die Hand, unsere Wünsche zu verwirklichen. Es analysiert eingehend die Gesetze und Prinzipien, die hinter den einzelnen Wunschtechniken stehen und sie wirksam machen. Diese Gesetze sind die Regeln des großen kosmischen Schöpfungsspiels, welches wir in Gottes Auftrag mitgestalten, und dessen Ziel es ist, uns zu der Einheit zurückzuführen, die wir in Wahrheit nie verlassen haben. Das Buch zeigt uns, wie wir durch die Anwendung der mächtigen Seinsgesetze unser Leben gesünder, glücklicher und erfolgreicher gestalten können. Das Verständnis dieser Gesetze hinterlässt beim Leser ein tiefes Gefühl der Geborgenheit und des Vertrauens in ein geordnetes und liebevolles Universum.

Liebe als Erfüllung aller Wünsche

Eine praktische Liebestherapie

Jürg Theiler

Paperback, 256 Seiten
ISBN 978-3-86616-110-8

Die Menschen sehnen sich nach Liebe, einer dauerhaften Liebesbeziehung, und setzen oft ihre ganze Energie ein, sie zu verwirklichen, weil sie dadurch Glück und Erfüllung erwarten. Warum gelingen aber solche Beziehungen häufig nicht oder zerbrechen wieder nach kurzer Zeit?
Der Tiefenpsychologe Jürg Theiler ergründet in diesem Buch die psychischen Ursachen für Gelingen und Misslingen von Liebesbeziehungen, auch an Beispielen. Er erklärt, wie die in der Evolution des Lebens entwickelten Gehirnteile in der Psyche des Menschen unterschiedliche Bedürfnisse und Wünsche erzeugen, die einander oft widerstreiten, sich aber auch gegenseitig ergänzen und zusammen der Erhaltung und Weiterentwicklung des Lebens dienen und nur durch die Liebe in Einklang gebracht werden können. Durch eine bestimmte Fragetechnik und 36 „Ein-Sichten" kann der Leser seine psychische Ausgangslage und den Weg erkennen, wie er mit seinem Partner, seiner Partnerin seine Wünsche nach Liebe erfüllen kann.

Leben heißt Loslassen

Alles, was wir festhalten, hält auch uns fest

Matt Galan Abend

3. Auflage

Hardcover, 168 Seiten – ISBN 978-3-86616-024-8

Das Besitz anzeigende Fürwort MEIN ist sicher eines der meist gebrauchten Wörter unserer Sprache. Aber in Wirklichkeit ist nichts von dem, was wir für MEIN halten, wirklich unser Eigentum. Menschen schon gar nicht, und auch die materiellen Besitztümer, die wir mal mehr, mal weniger zur Verfügung haben, sind Leihgaben, mit denen wir eine Weile spielen dürfen. Wenn das Spiel unseres Lebens abgepfiffen wird, verlassen wir das Spielfeld, aber die Dinge können wir nicht mitnehmen. Fällt uns das Loslassen bei Dingen noch einigermaßen leicht, so haben wir große Schwierigkeiten mit dem Loslassen gegenüber unseren Kindern, Partnern, Freunden, unseren Vorstellungen, Plänen, Wahrheiten – die Liste lässt sich leicht verlängern. Wir machen uns gar nicht klar, wie viel Energie uns das Festhalten kostet. Aber nur wenn wir loslassen, können wir uns dem ständigen Wandel des Lebens, dem Entstehen und Vergehen, dem Kommen und Gehen anvertrauen, nur dann können wir im Fluss der Schöpfung sein.

Die 7 Lebens-Fragen

Anleitung zur Führung des Unternehmens „Ich"

Gion Chresta

Paperback, 224 Seiten, 12 Grafiken – ISBN 978-3-936486-79-7

Mangel an positiver Führung kann man nicht nur in Wirtschaft und Politik sehen, sondern auch in der Schwierigkeit vieler Menschen, sich selbst zu führen. Sie tun sich schwer mit den widerstreitenden Kräften in der eigenen Persönlichkeit, denn sie haben ihr inneres Potenzial noch zu wenig entwickelt, ihre Ausrichtung noch nicht wirklich erkannt, ihre Ganzheit noch nicht gefunden. Die 7 Lebens-Fragen, auf denen dieses Buch aufgebaut ist, bilden das grundlegende Werkzeug-Set zum Erlernen von Selbstführung. Sie fokussieren auf das Wesentliche im Leben jedes Menschen: Was will ich wirklich? Wozu bin ich hier? Was erfüllt mich zutiefst mit Freude? u.a.m. Ihre Handhabung wird klar und verständlich erläutert und mit vielen konkreten Übungsvorschlägen praktisch erfahrbar gemacht. Daraus kann jeder seine persönliche Lebens-Strategie formen. Sie verleiht dem eigenen Lebensweg Tiefe und Sinn und eröffnet ihm zugleich eine Fülle von neuen Handlungsmöglichkeiten im beruflichen und privaten Bereich.

Liebe dich selbst, sonst liebt dich keiner

Ein neues Selbstwertgefühl für Frauen

Irene Goldmann

Hardcover, 168 Seiten – ISBN 978-3-86616-125-2

Warum fällt es Frauen heute trotz besserer Möglichkeiten so schwer, ihr Leben glücklich zu gestalten? Dieser Frage geht die Autorin nach und kommt auf überraschende Antworten: Die Vorstellung von der Liebe als einer Art „Schlaraffenland“ ist es, die verhindert, in der Partnerschaft das ersehnte Glück zu finden. Viele Frauen haben nicht genügend gelernt, sich um sich selbst zu kümmern, sich selbst zu lieben. Warum aber mangelt es Frauen an dieser Fähigkeit, die doch die Grundlage für persönliches Glück ist? Auf der Basis jüngster wissenschaftlicher Forschung erklärt die Autorin nicht nur, wie dieser Mangel entsteht. Sie macht auch deutlich, dass es möglich ist, Selbstliebe zu lernen, und begleitet Frauen auf diesem Weg. Sie zeigt ihnen, wie sie ihre Bedürfnisse optimal befriedigen, ihr Leben glücklich und sinnerfüllend gestalten und zu seiner einzigartigen Bedeutung vordringen können, um dann wirklich fähig für wahre Liebe und Partnerschaft zu werden.

Sich ändern – statt ärgern

Vom Umgang mit turbulenten Gefühlen

Kurt A. Richter

Paperback, 288 Seiten – ISBN 978-3-86616-124-5

Machen Sie sich fit im Umgang mit arroganten, nörglerischen,vorwurfsvollen, eifersüchtigen, rechthaberischen, neidischen und zynischen Zeitgenossen. Erkennen Sie die inneren Ursachen negativer Gefühlszustände, die Ihr Selbstbewusstsein und Ihre besten Qualitäten unterdrücken. Entdecken Sie anhand von 22 inspirierenden Gesprächen, ähnlich der Dialog-Methode von Sokrates, völlig neue Möglichkeiten, mit verbalen Tiefschlägen und turbulenten Gefühlszuständen wie Ärger, Schuldgefühlen, Streit, Sorgen, Prüfungsängsten und Schlafstörungen umzugehen. „Update your brain“ heißt: Aktualisieren Sie Ihr Denken und bringen Sie Ihre soziale Kreativität auf den neuesten Stand.
„Update your brain“ heißt:
Update für deinen Geist … dein Gemüt … dein Wohlbefinden … deine Leistungsfähigkeit … deine Lebendigkeit … dein Glückserleben … deine Liebe … deine Lebensfreude … deine Kreativität … deine Inspiration … deine Leidenschaft … deine Energie … deinen Humor.

Medizin für die Seele

Lebens- und Seelenkräfte im Alltag mobilisieren

Prof. Franz Decker

Paperback, 224 Seiten, 32 Grafiken – ISBN 978-3-86616-115-3

Für viele Menschen ist es heute sehr schwierig, den Herausforderungen des Alltags in unserer komplexen, schnelllebigen Welt gerecht zu werden, das eigene Leben selbstverantwortlich zu gestalten und sinnvoll und erfüllt zu leben. Prof. Franz Decker zeigt in seinem Buch diese Probleme auf, aber auch Möglichkeiten, die „Überlebenskräfte“, die unerschöpflichen Kraftquellen der Seele und des Geistes, zu wecken und zu entwickeln, um in seelischem Gleichgewicht, mit Freude, Gelassenheit, Mut und Zuversicht das Leben zu bestehen. Das Buch erwuchs aus eigener Erfahrung und basiert auf den neuesten Erkenntnissen, dass durch eine entsprechende Neuorientierung und Seelenprogrammierung ein erfülltes und ausgeglichenes Leben möglich ist. Beispiele veranschaulichen und überzeugen. Es bietet sehr einprägsam ein Programm zur Förderung der Lebens- und Seelenkräfte im Alltag sowie Übungen zur Entspannung, Besinnung, Meditation, mentalen Lebensänderung und emotionalen Stabilisierung.

Das kleine Buch der Lebenskunst

Lebensweisheit, die wir in der Schule nicht lernten

Peter K. Keller

Geschenkbuch, Hardcover, 192 Seiten – ISBN 978-3-86616-096-5

„Alles hat man herausgefunden, nur nicht, wie man lebt", schrieb Jean Paul Sartre. Auch unsere Erziehung hat uns meist nicht beibringen können, welche Energien in uns stecken, wie wir diese entdecken, entfalten und zum eigenen Wohl und für unsere Mitwelt wirkungsvoll und heilsam einsetzen. Das Buch von P.K. Keller regt an, über das eigene Leben nachzudenken, und zeigt in kurzen Reflexionen und Geschichten anschaulich und humorvoll Lebens- und Überlebensstrategien auf. Die einzelnen Denkanstöße, die auch selektiv gelesen werden können, sind Ergebnisse reicher Erfahrung und können dem Leser helfen, seine Probleme besser zu verstehen und zu bewältigen. Zusammenfassungen und Affirmationen prägen sich ein und ermutigen, die Erkenntnisse im Alltag umzusetzen. Dieses Buch der Lebenskunst ist ein Schlüssel zur Erfüllung der eigenen Wünsche, zur sinnvollen und erfolgreichen Lebensgestaltung.

Die Vision vom göttlichen Menschen

Eine spirituelle Weg-Begleitung in das neue Jahrtausend

Barbara Schenkbier

Paperback, 424 Seiten, 21 ganzseitige Bilder – ISBN 978-3-928632-68-3

Prachtband: Geb., 424 Seiten, Einband Kunstleder mit Goldaufdruck, 21 ganzseitige Bilder, Zweifarbendruck – ISBN 978-3-928632-18-8

Das Buch ist ein umfassendes Standardwerk, das den Durchbruch einer neuen Evolutionsstufe im Bewusstsein des Menschen vorbereiten hilft. Aufbauend auf wissenschaftlichen Erkenntnissen und der mystischen Tradition aller Religionen führt es zu einem tieferen Wissen über das menschliche Bewusstsein, um dann den Weg zum göttlichen Menschen zu beleuchten. Alle wichtigen Schritte werden beschrieben, wesentliche Übungen aus einer neuen Sicht heraus dargestellt und die Transformationsstufe zu einem neuen Bewusstsein geschildert. Beim Lesen und Anwenden der beschriebenen Wahrheiten eröffnet sich dem Leser eine neue Sicht auf den Sinn des Lebens. Alle, die den geistigen Weg beschreiten, werden ihn besser verstehen, ihn bewusster, mutiger und konsequenter weitergehen. Das Buch ist aus der eigenen spirituellen Erfahrung der Autorin heraus geschrieben und eröffnet den Blick in eine Zukunft, die die evolutionäre Schöpferkraft selbst schaffen wird.

Kultur des Wohlwollens

Aus der Kraft des Herzens leben

Helga Kerschbaum

Hardcover, 248 Seiten – ISBN 978-3-936486-45-2

Die Kultur des Wohlwollens will in einer Zeit der Pluralitäten, Multipolaritäten und Spaltungen ein Bewusstsein für das „allen Gemeinsame" bilden und auch jene Einheit bewusst machen, die erst alle Vielheit schafft. Sie sucht das Verbindende, die gemeinsame Wurzel der Kulturen und Religionen. Sie beruht auf einem Wohlwollen, das in der Spiritualität grundgelegt ist und auch als „aktives Mitgefühl" bezeichnet werden kann. *„Kultur des Wohlwollens"* beschreibt das kultur- und religionsübergreifende Urmuster des allem zugrunde liegenden Seins. Aus diesem wird eine Ethik, die zu Handlungsweisheit führt, entwickelt. Aus einer holistischen Weitsicht und den großen spirituellen Menschheitserfahrungen werden jene Segenswerte formuliert, die zu den fundamentalen Bedürfnissen gelungenen Lebens gehören. „Darin liegt aber gerade die Stärke dieses Buches, dass es Einsicht und Motivation bringt, die aus der Tiefe unseres Menschseins kommen. Die Liebe und die Sorge um unsere Spezies hat dieses Buch geschrieben." *Willigis Jäger in seinem Geleitwort*